Mein magisches Heim

Mein magisches Heim

Hexenwissen für ein harmonisches Zuhause

Erica Feldmann

Aus dem amerikanischen Englisch
von Angelika Hansen

Ich widme dieses Buch meinem Vater.

(Und all den lieben Menschen, die mich ertragen haben, während ich mit dem Schreiben beschäftigt war.)

INHALT

Einführung 8

Hexen-Einmaleins 22

Kapitel 1 54

Manifestieren

Kapitel 2 76

Reinigen

Kapitel 3 104

Schutz

Kapitel 4 132

Behaglichkeit

Kapitel 5 168

Harmonie

Kapitel 6 208

Balance

Zum Abschluss 236

Literaturempfehlung 240

Hilfreiche Geister 242

Danksagung 245

Über die Autorin 247

Register 248

EINFÜHRUNG

Hallo, willkommen zu »**Mein magisches Heim**«!

Als ich zum ersten Mal begann, über Inneneinrichtung zu schreiben, fiel es mir schwer, meinen Platz zu finden neben der Unmenge von ehrgeizigen Büchern, Blogs und Magazinen, die Tipps und Tricks, Do-It-Yourself-Anleitungen, handwerkliche Projekte und Artikel über die neuesten Trends anbieten. Obwohl ich all diese Dinge gut fand, wurde mir doch bald klar, dass ich selbst in erster Linie an den wesentlichen Bestandteilen interessiert war, die dafür sorgen, dass ein Raum schön aussieht und sich gleichzeitig gut anfühlt; wie man die Magie, dank der aus einem Haus ein *Zuhause* wird, effektiv einsetzen kann, ohne viel Geld dafür ausgeben zu müssen. Ich habe gelernt, dass es nicht um ein schönes Sofa oder die perfekten Dekoelemente geht, sondern einfach um die Absicht, das eigene Heim so zu gestalten, dass es sich wie etwas Besonderes, Einzigartiges anfühlt. Das ist der Grund, warum ich meine Firma *HausWitch* gegründet habe. Uns geht es darum, Menschen das Werkzeug in die Hand zu geben, um ihre Räume zu heilen, ihr Zuhause zu lieben und dabei sparsam mit ihrem Geld umzugehen. Das Buch, das Sie in der Hand halten, ist eines dieser Werkzeuge. Es ist ein Zauberbuch über die Alchemie der Inneneinrichtung. Es handelt davon, die astrale Ebene mit der materiellen Welt zu verbinden, um Ihnen zu helfen, die Energie in Ihrem Zuhause zu transformieren.

Sich im eigenen Zuhause hundertprozentig wohlzufühlen ist ein legitimer Anspruch und wichtiger Teil der Selbstfürsorge und Kernpunkt meiner Mission mit *HausWitch*. Doch glaube ich, dass es zwei Arten von Behaglichkeit gibt: Eine, die Ihnen hilft, sich zu

entspannen, auf Ihr höheres Selbst einzustimmen und neue Kraft zu schöpfen – und eine andere, die Sie von der Umwelt isoliert und in einen Zustand der Bequemlichkeit einlullt. Diese zweite Art von Behaglichkeit wird etwa durch eine unendliche Anzahl von Fernseh- und Streaming-Kanäle, die ständige Beschäftigung mit Computern und Smartphones sowie billige Konsumgüter gefördert. Bitte verstehen Sie mich nicht falsch; auch ich weiß, wie angenehm es sein kann, vom Sofa aus online Dinge zu bestellen. Doch erst wenn Sie eine tiefe innere Verbindung mit Ihrer unmittelbaren Umgebung entwickelt haben, fühlen Sie sich wirklich wohl in Ihrem Zuhause. Mein Ziel mit diesem Buch ist es, Ihnen zu helfen, diese Verbindung auf eine authentische und sinnvolle Weise zu kultivieren.

Selbst wenn Sie kein allzu häuslicher Mensch oder gar Stubenhocker sind, ist Ihr Zuhause in jedem Fall ein Zufluchtsort. Im hektischen Wirbel unserer chaotischen, Ängste fördernden Welt bietet es Ihnen einen Rückzugsort, wo Sie Ihre Batterien neu aufladen, sich in Ruhe ein Glas Wein genehmigen oder einfach mal richtig ausschlafen können. In Bezug auf die Selbstfürsorge sind diese Dinge genauso wichtig wie eine gute Ernährung und körperliches Training. Indem Sie sich ein wenig in »Haus-Magie« üben, ehren Sie Ihr Heim aufgrund der wichtigen Rolle, die es in Ihrem Leben spielt.

»Mein magisches Heim« wird Sie durch die wichtigsten Schritte führen, mit denen Sie meiner Erfahrung nach die positive Energie in Ihrem Zuhause nutzen können. Im Laufe der Jahre habe ich mit einer Reihe von Experten gearbeitet – von Innenarchitekten über Antiquitätenhändler bis zu Handwerkern, Künstlern und natürlich Hexen. Durch die Kombination ihres kreativen Wissens mit meinen eigenen Studien in den Bereichen Erdmagie, Astrologie, Tarot und Energiearbeit habe ich dieses magische Anleitungsbuch für Sie entworfen. In jedem Kapitel geht es darum, zu einer ausgewogenen Energie in diversen Lebensbereichen zu gelangen, was

Ihnen erlauben wird, in Harmonie mit sich selbst und der Natur zu leben – und dazu gehört auch die Energie Ihres Zuhauses.

Mit diesem Ziel vor Augen möchte ich Ihnen helfen, mit sechs grundlegenden Elementen zu arbeiten, die nach meiner Erfahrung einen simplen Ort zum Leben in ein Zuhause verwandeln: Manifestieren, Reinigen, Schutz, Behaglichkeit, Harmonie und Balance.

Selbst wenn Sie den metaphysischen Philosophien in diesem Buch nicht uneingeschränkt Bedeutung beimessen, hoffe ich, Ihnen zeigen zu können, wie sehr Sie mittels einfacher Möglichkeiten einige dieser Elemente in Ihr tägliches Leben – und die Art, wie Sie Ihr Zuhause gestalten – auf eine Weise einbauen können, die Ihnen zusagt.

Was hat es mit dem magischen Heim auf sich?

Wie viele andere Menschen litt ich als Jugendliche unter Angstzuständen, und hin und wieder passiert mir das auch heute noch. Als feinfühliges und empathisches Kind empfand ich die Welt manchmal als total überwältigend. Eine Möglichkeit, das Gefühl zu haben, ich hätte eine gewisse Macht über meine Umstände, bestand darin, eine Verbindung zu den Räumlichkeiten zu entwickeln, in denen ich mich befand. Häufig war ich zu scheu, mit den Menschen in meiner Umgebung zu reden, doch schien ich in der Lage zu sein, mit dem Raum selbst zu kommunizieren. Heute leuchtet mir das völlig ein, weil ich mittlerweile weiß, dass Räume erfüllt sind mit Energie, genauso wie die darin befindlichen Objekte. Indem ich diese Energie anzapfte, gelang es mir, mich geerdet und sicher zu fühlen, wenn ich unruhig oder ängstlich war.

Es dauerte nicht lange, bis das, was als Bewältigungsmechanismus begann, zu meinem Hobby wurde. Meine Verwandten riefen mich an, um sie in Bezug auf ein Zimmer oder Büro zu beraten, in dem sich niemand aufhalten wollte. Dann zeigte ich ihnen, wie sie die Möbel neu arrangieren konnten, um die Qualität des Raumes zu verbessern. Es war einfach etwas, das ich fühlen konnte. Das machte mich zur perfekten Kandidatin für eine Zukunft im Bereich Innenausstattung.

Doch ich bin jemand, der darauf besteht, es sich schwer zu machen. Anstatt also Innenarchitektur zu studieren und sofort meine Traumkarriere in Angriff zu nehmen, beschloss ich, einen Abschluss in Geschichte zu machen und einen zweiten in Hexerei (nun, technisch habe ich einen Abschluss in Gender Studies und Kulturwissenschaften, doch meine Forschung konzentrierte sich auf Hexen) – und erst dann begann ich mit meinem Inneneinrichtungs-Unternehmen!

In meinen Zwanzigern war ich besessen von Innendesign-Blogs. Mich begeisterte die Tatsache, dass Inneneinrichtung nicht mehr nur etwas für Menschen war, die es sich leisten konnten, gefragte Designer anzuheuern. Wie aus dem Nichts gab es plötzlich eine regelrechte Flut von öffentlich zugänglichen, Design-orientierten Blogs voll mit Do-It-Yourself-Ideen für jedermann. Ich verschlang mindestens vier oder fünf dieser Blogs täglich. Ich lernte etwas über Lichtkonzepte, Möbeldesign, wie man bei Farben zwischen einhundert verschiedenen Schattierungen von Weiß unterscheiden kann – was immer man auch wissen wollte, irgendwo gab es einen Blog-Post darüber.

So dankbar ich auch war, eine kostenlose Ausbildung in praktischem, neuzeitlichem Innendesign zu bekommen, fühlte ich mich dennoch irritiert von Beiträgen für »angepasste Budgets«, bei denen das Budget immer noch total unrealistisch war für mich und die Leute, die ich kannte. So frustrierend dies war, es zwang mich dazu, kreativ zu sein. Mir wurde klar, wenn ich mir ein Umfeld schaffen wollte, das gut genug aussah und sich gut genug anfühlte, um für ein Hochglanzmagazin fotografiert zu werden und dennoch

kein Vermögen kostete, musste ich im wahrsten Sinne des Wortes anfangen zu zaubern.

Ursprünglich hatte der Hexen-Anteil bei *HausWitch* mehr mit meiner persönlichen Identifikation mit dem Wort »Hexe« sowie der Idee zu tun, dass der Raum, den ich neu arrangierte, eine »zauberhaft« kostengünstige Transformation erfahren würde. Da meine Mittel bescheiden waren, musste die Umgestaltung durch die veränderte Nutzung der bestehenden Einrichtung des Raumes, überarbeitete Möbel und Do-It-Yourself-Projekte zustande kommen.

Als Teenager hatte ich mich eine Zeit lang mit Wicca beschäftigt (einer auf der großen Göttin basierten Religion, die Erd-Magie als spirituelle Praxis anwendet), indem ich nachts in meinem Schlafzimmer Liebeszauber ausprobierte. Doch da ich nicht an die »nötigen« Werkzeuge herankam, um Zauber zu praktizieren (versuchen Sie mal, in einem Einkaufszentrum am Stadtrand exotische Kräuter zu finden oder sich um Mitternacht hinauszuschleichen, um ein Lagerfeuer zu entzünden, ohne dass Ihre Eltern es mitkriegen), gab ich Wicca auf (ohne je richtig angefangen zu haben).

Erst als meine liebe Freundin Kaitlyn, die kurz zuvor in eine andere Stadt gezogen war, mich bat, einen Zauber zu wirken, um ihr bei der Suche nach einem neuen Haus zu helfen, wandte ich mich wieder der Magie zu. Seit Jahren hatte ich mich nicht mit Hexerei beschäftigt, doch da Kaitlyns Bitte etwas mit Heim und Zuhause zu tun hatte, fühlte ich mich in meinem Element, und es fiel mir leicht, den passenden Zauber zu finden. (Mehr darüber in »Kapitel 1: Manifestieren«.)

Als ich an jenem Abend ins Bett ging, kam mir blitzartig eine Idee: »Warum sammle ich nicht kleine Haus-Zaubereien für meine Kunden, um gute Energie in ihr Zuhause zu bringen? Oder noch besser – warum entwerfe ich nicht kleine Haus-Zaubereien für jeden!« In dieser Nacht schlief ich kaum, weil mir einfach Tausende von Ideen durch den Kopf gingen. Ich wusste damals eher wenig darüber, wie man einen Raum heilt – Dinge wie Räume räuchern mit Salbei und auf künstliche Pflanzen verzichten wegen des schlechten Feng Shui – doch jetzt war ich regelrecht besessen von dem Wunsch, mehr darüber zu erfahren. Ich verschlang Bücher über praktische Magie, die Jung'sche Psychologie über das Zuhause, das Arbeiten mit Heilsteinen und Energieheilung. Ich wusste, dass ich einer wichtigen Sache auf der Spur war, und es war das beste Gefühl der Welt.

Im November des gleichen Jahres rief ich *HausCraft* ins Leben mit sechs verschiedenen magischen Sets (verpackt in »zauberhaften«, winzigen Schachteln in Form kleiner Häuschen), um auf verschiedene Weise eine gute Schwingung in das Zuhause meiner Kunden zu bringen. Ich wollte, dass sich diese kleinen Zaubereien von anderen magischen Werkzeugen unterscheiden: Sie sollten freundlicher und einladender auf Menschen wirken, die nie zuvor mit dem Gedanken gespielt hatten, Magie zu praktizieren. Die Sets basieren auf den gleichen Prinzipien wie die Kapitel dieses Buches – Manifestieren, Reinigen, Schutz, Behaglichkeit, Harmonie und Balance. Meine magischen Ausrüstungen waren auf Anhieb ein Erfolg. Und das war der Moment, wo ich begann, von Größerem zu träumen.

Ein Jahr später hatte sich die *HausCraft*-Palette zu einem Vollzeitjob entwickelt. Mein geliebter Vater hatte mir nach seinem Tod ein paar Ersparnisse hinterlassen, doch wusste ich nicht, was ich damit tun sollte, oder ob ich mit der Geschäftsidee von *HausWitch* jemals meinen Lebensunterhalt bestreiten könnte. (Dazu muss ich sagen, dass von Anfang an mein begnadeter, hellsichtiger Freund Christopher stets davon überzeugt war, dass *HausWitch* mein Lebenswerk sein würde, selbst wenn ich mir nicht vorstellen konnte, wie das möglich ist.) Das war der Moment, als mich ein zweiter Blitz aus heiterem Himmel traf und ich eine innere Stimme deutlich flüstern hörte: »Dein wahrer Wunsch ist es, einen Laden aufzumachen.«

Der Laden, den ich im Sinn hatte, würde wie eine riesige *HausCraft*-Zauberschachtel aussehen. Es würde alles geben, was man braucht, um dafür zu sorgen, dass sich das eigene Zuhause wunderbar anfühlt und von köstlichen Düften erfüllt ist.

Ich wusste, dass der Laden in Salem, Massachusetts – der Hexenstadt schlechthin – sein müsste, wo ich einige Jahre zuvor gelebt und studiert hatte. Das erste zum Verkauf stehende Geschäft, das ich mir anschaute, befand sich im Stadtzentrum, und kaum hatte ich den Raum betreten, wusste ich, dass ich einen Laden aufmachen würde, und zwar genau hier.

Mein Unternehmen *HausWitch Home + Healing* ist ein rundum wahr gewordener Traum. Zauberlehrlinge, Energieheiler und ähnliche Seelen kommen in den Laden, und es hat sich eine wunderbare Gemeinschaft gleichgesinnter Menschen gebildet. Einige meiner engsten Freundinnen, die ich als meinen Hexenzirkel bezeichne, haben dem Laden sein wahres Herz und seine wahre Seele verliehen, und vielen von ihnen werden Sie auf den Seiten dieses Buches mit ihren eigenen Worten begegnen. Oft scheint es, als wären wir ausersehen, einander zu finden, zusammenzuarbeiten, uns gegenseitig zu unterstützen und gemeinsam Magie zu praktizieren. Ich konnte sogar meiner introvertierten Hauskatze beibringen, wie erfüllend es sein kann, Teil einer Gemeinschaft zu sein.

Die Art, wie alle diese Details schließlich ein Ganzes ergaben, hat die Art, wie ich Magie praktiziere, auf tiefgehende Weise beeinflusst. Wenn Sie versuchen, etwas zu manifestieren, das nicht den Interessen Ihres höchsten Selbst und Ihrem wahren Seelenweg entspricht, wird keine Hexerei in der Lage sein, Ihnen das Gewünschte zu bringen. Doch wenn Sie offen bleiben für das Fließen der Energie, für Synchronizität und natürlich die Magie des Universums, werden Träume wahr, von denen Sie nicht einmal wussten, dass Sie sie hatten.

HEXEN-EINMALEINS

Bin ich eine Hexe? Um es kurz zu machen, ja! Die ausführlichere Antwort lautet: Ich sage gerne, dass mir die Abkürzung W.I.T.C.H. [englisches Wort für Hexe] für »Woman in Total Control of Herself« [Frau mit totaler Kontrolle über sich selbst] schon immer gefiel und ein Ideal darstellt, das zu erreichen ich mit aller Kraft anstrebe. Als Feministin glaube ich, dass die Hexe als Archetyp für die uns innewohnende und oft unsichtbare Macht des göttlich Weiblichen steht. Der Begriff »Hexe« repräsentiert alles, was im Laufe der Jahrhunderte vom Patriarchat unterdrückt worden ist, und diese Bezeichnung heute zu benutzen bedeutet, diese weibliche Urkraft zurückzufordern und sich wieder anzueignen.

ES GIBT SO VIELE DEFINITIONEN DAVON, WAS ES BEDEUTET, EINE HEXE ZU SEIN, WIE ES PRAKTIZIERENDE UND MENSCHEN GIBT, DIE AN MAGIE GLAUBEN.

Jede Hexe sieht sich selbst anders, doch meiner Überzeugung nach vereint uns alle das Bemühen, in unserer Energie zentriert und geerdet zu bleiben, auf dass wir unsere innere Kraft benutzen können, um die Dinge zu manifestieren, die wir in unserem Leben und in der Welt um uns herum haben möchten.

In Bezug auf die spirituelle Seite meiner Zauberpraktiken steht die Arbeit mit feinstofflichen Energien immer an erster Stelle.

Alles ist Energie, und Energie ist alles

Die auf den New-Age-Gedanken basierende Lebensweise ist darauf angelegt, Praktizierende mit der umfassenderen Welt der Natur zu verbinden und unser Leben auf der Erde in einen Kontext zu bringen, der eine bewusste Existenz in Übereinstimmung mit der Natur begünstigt.

Seit mir bewusst ist, wie absichtsvolles Handeln und Manifestieren mein Leben verändern kann, haben sich mein Gemütszustand und mein Wohlbefinden dramatisch verbessert. Ich fühle mich in meinem täglichen Leben gestärkt und unterstützt und bin viel besser in der Lage, andere Menschen und den Planeten aktiv zu unterstützen.

Und jetzt kommt das Beste: Auf diese Weise zu leben bedeutet nicht, dass Sie anfangen müssen, Kristallkugeln zu benutzen oder nackt im Wald zu tanzen (wenn Sie es auch durchaus tun könnten!). Vielmehr bedeutet es, einfache Schritte zu unternehmen, um Ihre Lebensqualität zu verbessern und immer deutlicher zu erkennen, wie Sie die Energie in Ihrem Umfeld zu Ihrem Besten verändern können.

SCHWINGUNGEN

Wenn Hexen über »gute Schwingungen« oder »schlechte Schwingungen« reden, meinen wir damit, dass jedes einzelne Element auf der Erde und in Ihrem Zuhause – von Heilsteinen und Pflanzen bis zu Möbeln, Menschen, Haustieren, Wänden, Kräutern, Objekten und sogar Emotionen – auf seiner eigenen individuellen Frequenz schwingt. Das ist einfach nur grundlegende Physik; alles besteht aus Atomen, und Atome sind ständig in Bewegung und erzeugen auf diese Weise eine Schwingungsfrequenz.

Wenn Sie mit Energie arbeiten, arbeiten Sie automatisch mit Schwingungen. Indem Sie aufmerksam auf die Schwingungen achten, die Sie in Ihrem Umfeld erzeugen, beeinflussen Sie die Energie insgesamt. Vielleicht können Sie sich den Unterschied beispielsweise zwischen einer von Hand gefertigten Keramikschüssel vorstellen, in die die besonnene Aufmerksamkeit des Künstlers geflossen ist, im Vergleich zu einer von Maschinen massenproduzierten Plastikschüssel. Ihr Bewusstsein zu schulen, wie unterschiedliche Schwingungen in Ihrem Umfeld funktionieren, ist ein Hauptanliegen dieses Buches.

Grundlegendes Hexen

Wie Sie sehen werden, ergänzen sich viele magische Techniken, und es ist sehr bereichernd, die Grundlagen der einzelnen Praktiken zu erlernen und dabei zu erfahren, in welchem Verhältnis sie zueinander stehen.

Verrennen Sie sich nicht in den Gedanken, die »richtigen« magischen Dinge zur Verfügung haben zu müssen. Gehen Sie lieber wie folgt an das Ganze heran: Ein Zauber ist ein Gebet mithilfe von Requisiten. Benutzen Sie, was immer Ihnen hilft, um der Welt am besten Ihre Absichten kundzutun. Hexerei hat in erster Linie mit Selbstermächtigung zu tun, also vergessen Sie nicht: *Sie selbst* sind die Magie hinter Ihren Zaubereien.

Ich persönlich benutze eine multidisziplinäre Herangehensweise, die verschiedene Arten magischer Philosophien aus allen Teilen der Welt vereint. Auf den folgenden Seiten stelle ich Ihnen einige dieser magischen Praktiken vor, damit Sie ein paar grundsätzliche, gut funktionierende Schlüsselideen und Begriffe kennenlernen, bevor wir uns näher mit den übergeordneten Themen Manifestieren, Reinigen, Schutz, Behaglichkeit, Harmonie und Balance in Ihrem Zuhause befassen.

EINE ANMERKUNG ÜBER DIE KULTURELLE VEREINNAHMUNG ESOTERISCHEN WISSENS

Beim Schreiben dieses Buches habe ich mit der Art und Weise gerungen, wie ich mir Elemente meiner magischen Praktiken aus religiösen und spirituellen Kulturen angeeignet habe, die nicht meine sind. Unter kultureller Vereinnahmung verstehe ich die Übernahme von Praktiken, die zu einer anderen Kultur gehören, durch eine dominante Kultur. Das ist in New-Age-Kreisen ständig zu beobachten, indem wir uns bei Traditionen wie dem Hinduismus, Buddhismus und indianischen Schamanismus bedienen (um nur ein paar zu nennen), oft ohne das richtige Verständnis für die Gesamtheit dieser komplexen Glaubenssysteme zu besitzen.

Wie können wir also eine verantwortungsbewusstere Hexerei praktizieren? Ich weiß es nicht! Doch es ist eine sehr wichtige Frage, über die wir uns Gedanken machen sollten; selbst wenn dies zur Folge hat, dass wir uns unsicher fühlen, ermutigt es uns doch, offen zu bleiben, ehrlich über diese Dinge zu reden und auf Stimmen zu hören, die zum Schweigen gebracht worden sind. Auf diese Weise fördern wir die kulturelle Wertschätzung, anstatt einfach etwas zu vereinnahmen, machen uns mit den Wurzeln unserer spirituellen Praktiken vertraut und wenden sie mit Respekt und Verehrung für die Gemeinschaften an, aus denen sie kamen. Wir müssen uns darüber klar werden, inwieweit unsere Anwendungen dieser Praktiken rassistisch und schädlich sein können, solange wir sie nicht wirklich kennen und zu schätzen gelernt haben.

Wir müssen uns bewusst sein wie wir die Heilungspraktiken anderer Kulturen in unsere Gesellschaft, wo sie so dringend benötigt werden, auf die richtige Weise einbringen können, ohne sie zu verzerren oder zu vereinnahmen. Ich glaube, dass wir als Hexen die Pflicht haben, hier als Beispiel voranzugehen.

DIE FÜNF MONDPHASEN

Mit den Phasen des Mondes zu arbeiten ist eine wunderbare Möglichkeit, sich mit den kosmischen Abläufen in Einklang zu bringen. Es ist wichtig, in Übereinstimmung mit den Mondzyklen zu leben, da die Nähe des Mondes zur Erde dafür sorgt, dass wir seine Wirkung stärker als die jedes anderen Himmelskörpers fühlen, abgesehen von der Sonne.

Zudem ist das Arbeiten mit den Mondphasen sehr einfach, da es nur fünf Hauptphasen gibt, die für das Wirken von Zaubern wichtig sind. Sie können diesen Leitfaden benutzen, um für alles – vom Entwerfen eines Manifestationszaubers bis zum Putzen Ihres Hauses oder zur Bepflanzung Ihres Gartens – den richtigen Zeitpunkt zu finden.

Neumond: Bei magischen Praktiken versteht man unter Neumond die erste kleine Sichel, diesen schmalsten Mond des kleinsten Fingernagels, der nach ein paar Tagen der Dunkelheit am Himmel erscheint. Er ist der Beginn des Mondzyklus und die beste Zeit, einen frischen Neuanfang willkommen zu heißen, Ziele zu setzen und Samen zu pflanzen (buchstäblich oder symbolisch).

Zunehmender Mond: Wenn vom zunehmenden Mond die Rede ist, bedeutet es, dass der sichtbare Teil des Mondes am Himmel größer wird. Dies ist die beste Zeit, um Zauber zu manifestieren und Dinge zu sich heranzuziehen – wie zum Beispiel das schöne neue Apartment, das Ihnen gerade in einer Anzeige aufgefallen ist. Denken Sie darüber nach, wovon Sie jetzt, in diesem Moment, mehr in Ihrem Leben haben wollen. Der zunehmende Mond hat in erster Linie mit Vergrößerung, Vermehrung und Expansion zu tun.

Vollmond: Vollmond ist die Zeit, um Positivität in jedweder Form in Ihrem Leben willkommen zu heißen. Eine Zeit des Feierns, der Vollendung, Fülle und Dankbarkeit. Nicht nur ist es die Zeit, um alles zu genießen, was sich in der zunehmenden Phase des Mondes angesammelt hat, sondern der optimale Zeitpunkt, um sich Ihrer vollen Kraft bewusst zu werden. Schmeißen Sie die Einzugsparty in Ihrem neuen Zuhause bei Vollmond, und die Schwingungen werden garantiert fantastisch sein!

Abnehmender Mond: Der Mond am Himmel wird schmaler, daher ist dies eine gute Zeit, alles loszulassen, wovon Sie in Ihrem Leben weniger haben wollen. Jetzt bietet sich die beste Gelegenheit, auszumisten und sich von altem Ballast zu trennen (buchstäblich und symbolisch). Veranstalten Sie einen privaten Flohmarkt, oder spenden Sie unbenutzte oder gut erhaltene Dinge für gute Zwecke.

Dunkelmond: Drei Tage vor dem Beginn des Neumondes ist der Mond vorübergehend nicht sichtbar am Himmel. Dies ist die perfekte Zeit für jede Art von Hausputz, um negative Energien zu vertreiben und das loszulassen, was Ihnen nicht länger dient. Wie zum Beispiel das Kunstwerk, das Ihre Mutter Ihnen geschenkt hat und das Sie insgeheim nicht ausstehen können. Das Schlüsselwort hier lautet: »Loslassen«.

Wenn es auch wichtig ist, sich auf die Mondphasen einzustimmen, sollten Sie sich nicht entmutigt fühlen, wenn Sie Probleme haben, Ihre Zielsetzungen mit der passenden Mondphase zu koordinieren; versuchen Sie einfach, Ihre Intention anders zu formen. Wenn Sie beispielsweise einen Manifestationszauber vornehmen möchten, der Mond jedoch gerade abnimmt oder dunkel ist, können Sie Ihren Zauberspruch so formulieren, dass es um die Beseitigung von Hindernissen geht, die Ihren Absichten im Wege stehen. Und das funktioniert umgekehrt genauso. Wenn Sie etwas loslassen wollen, während der Mond zunimmt, visualisieren Sie Ihr Leben, wie es aussehen und sich anfühlen wird, nachdem Sie losgelassen haben, und nehmen Sie diese neue, kraftspendende Energie in sich auf.

ENERGIEN INS GLEICHGEWICHT BRINGEN

Wie wir in diesem Buch immer wieder sehen werden, ist die Idee von Balance und Gleichgewicht der Schlüssel zur Kombination von Einrichtung und Dekor, die Körper, Geist und Seele nähren. Es gibt ein paar unterschiedliche Rahmenbedingungen, die ich für die Schaffung von Balance und Gleichgewicht als sinnvoll erachte und die zum Teil auf den ältesten und grundlegendsten Vorstellungen beruhen, mit deren Hilfe Menschen die Welt um sich herum eingeteilt haben.

Yin und Yang: Im Laufe der Geschichte haben Menschen die Welt in alle Arten binärer Gegensätze unterteilt, wie Männlich/ Weiblich, Tag/Nacht und so weiter. Dies wird in der chinesischen Philosophie perfekt durch das Symbol von Yin und Yang illustriert. Wahrscheinlich haben Sie dieses in zahllosen Kontexten benutzte Symbol schon oft gesehen: Ein Kreis, der in der Mitte geteilt ist, um zwei gleich große Paisleymuster zu bilden, ein schwarzes und ein weißes. Jede Seite wiederum enthält einen kleineren Kreis mit der gegenüberliegenden Form, um zu zeigen, dass das Eine nicht ohne das Andere sein sollte. Das Zeichen symbolisiert die Balance der beiden essenziellen Energien des Universums: Yin-Energie, die passiv und mit dem Mond, der Nacht, dem Weiblichen, Tod, Langsamkeit und Dunkelheit assoziiert wird; und Yang-Energie, ihre Ergänzung und Gegenteil, die mit Tatkraft, Sonne, Tag, dem Männlichen, Geburt, Schnelligkeit und Licht assoziiert wird. (An dieser Stelle ist es wichtig zu erwähnen, dass wir immer dann, wenn Begriffe wie »weiblich« und »männlich« benutzt werden, damit nicht irgendetwas meinen, das mit Geschlechterzuordnung oder Anatomie zu tun hat. Vielmehr ist es eine Möglichkeit, die beiden Arten von Energie zu charakterisieren, die von der Gesellschaft einem bestimmten Geschlecht zugeordnet worden sind.) Diese Idee, Yin und Yang ins Gleichgewicht zu bringen, ist ein wichtiger Bestandteil der meisten Formen moderner Hexenkunst und wird in vielen verschiedenen Formen zum Ausdruck gebracht.

Die vier Elemente: Einen weiteren sinnvollen Rahmen für das Verständnis, wie Energien ins Gleichgewicht gebracht werden können, bieten die vier Elemente – Erde, Luft, Feuer und Wasser – die

als die Grundlagen der gesamten Materie im Universum gelten. Viele weissagende Praktiken stützen sich heute zum größten Teil auf diese elementaren Energien und berufen sich auf sie, um Zeremonien und Rituale in Einklang mit der Natur zu bringen. Unterschiedliche Formen des Wahrsagens, beispielsweise Tarot und Astrologie, benutzen die vier Elemente als Kategorien, die sich auf die verschiedenen Kartenfarben und Sternzeichen beziehen. Unter anderem werden die zwölf Tierkreiszeichen so unterteilt, dass jeweils drei Zeichen einem Element zugeordnet sind. Ich zum Beispiel bin Zwilling, ein Luftzeichen, ebenso wie Waage und Wassermann. Widder, Schütze und Löwe sind Feuerzeichen; Fische, Krebs und Skorpion Wasserzeichen, während Steinbock, Stier und Jungfrau dem Element Erde zugeordnet sind.

Bei der Feuerenergie dreht sich alles um Aktivität und Veränderung. Sie eignet sich vorzüglich, um die Dinge wachzurütteln. Kreativität, Leidenschaft und Sexualität sind allesamt mit Feuerenergie aufgeladen. Die Erde zentriert und stabilisiert und verbindet uns mit der materiellen Welt. Bei der Luft geht es um intellektuelles Denken, mentalen Fokus und Präzision. Und Wasser schließlich weckt Gefühle, Kreativität und den Flow. Geist oder Äther wird als das fünfte Element bezeichnet. Ich glaube, dass Ihre Intention, sich mit der universalen Energie zu verbinden, mit dem geistig-ätherischen Element jeder magischen Ausübung in Zusammenhang steht.

ARBEITEN MIT HEILSTEINEN

Und jetzt kommen wir zu etwas glitzernd Glamourösem! Im weiteren Verlauf dieses Buches werde ich die Namen von Heilsteinen fallen lassen, als wären sie Promis, und nach und nach werden wir die Heilungseigenschaften jedes einzelnen immer besser kennenlernen. In der Zwischenzeit wollen wir uns einige Möglichkeiten der Arbeit mit Heilsteinen näher ansehen, die einfach aber effektiv sind.

Von Anbeginn der Geschichtsschreibung haben Kulturen überall auf der Welt die energetische Heilkraft von Steinen und Mi-
neralen erkannt und genutzt. Bereits im frühen Mittelalter – 1151
– hat Hildegard von Bingen (die Benediktiner-Äbtissin, Malerin,
Mystikerin, Autorin, Komponistin) sich in ihrem Buch »Physica«
– eines der ersten Werke über Kräutermedizin, die von einer Frau
geschrieben wurden – ausführlich über Edelsteine wie Topas, Jas-
pis und Amethyst geäußert. Über den Achat schreibt sie zum Beispiel: »Seine Natur wird die Sprache eines Menschen verständlich,
überlegt und besonnen machen, da er aus Feuer, Luft und Wasser
geschaffen ist.«

Heilsteine bilden sich tief im Inneren der Erde, und jede Kris-
tallvariante hat ihre eigene, einzigartige Schwingung. Die Heilkraft
eines Steins beruht auf der Fähigkeit dieser Schwingung, den Be-
nutzer mit der Erde zu verbinden und auf die Heilungsenergien
der Natur einzustimmen. (Um mehr über die wissenschaftliche
Seite der Heilkraft von Steinen zu erfahren, siehe Seite 38.)

Heilsteine gibt es in allen möglichen Größen und Formen.
Ein »roher«, das heißt ungeschliffener Stein, ist einer mit rauen
Rändern, die nicht in Form gebracht, poliert oder herausgearbei-
tet wurden. Ein sogenannter Trommelstein wird zusammen mit
grobem Kies und Wasser so lange in einer »Steinschleuder« be-
arbeitet, bis alle Ränder glatt sind (diese Steine eignen sich vorzüglich, um sie immer bei sich zu tragen). Ein »geschnittener«
Stein schließlich ist in eine bestimmte Form gebracht worden, um
sein Aussehen und die Art zu verbessern, wie der Stein sich anfühlt, und die Arbeit damit zu erleichtern. Zum Beispiel werden
viele Kristalle in eine Form gebracht, bei der ein Ende flach ist
und das andere in eine scharfe Spitze ausläuft, eine sogenannte
Kristallspitze, und diese Form macht es leichter, den Stein nach
Belieben irgendwo aufzustellen.

DIE WISSENSCHAFT VON HEILSTEINEN

Ich kann mich glücklich schätzen, so viele Hexen aus den unterschiedlichsten Gesellschaftsschichten um mich zu haben. Hier erklären Shaina Cohen und Michaela Zullo, erfahrene Geologinnen und Heilpraktikerinnen, die Wissenschaft hinter der heilenden Magie von Kristallen:

Das wissenschaftliche Studium der Kristalle und ihrer Entstehung ist als »Kristallographie« bekannt. Alle Heilsteine sind kristalline Feststoffe, was bedeutet, dass ihre Atome in einer hoch entwickelten mikroskopischen Struktur angeordnet sind, die sich unendlich in alle Richtungen wiederholt (bekannt als »Kristallgitter«.) Wenn ein Kristall wächst und für das menschliche Auge sichtbar wird, spiegelt sein Aussehen seine mikroskopische Struktur wieder – was der Grund ist, warum Kristalle eine so große Formenvielfalt bieten, unter anderem flache Steine, Würfel und Spitzen.

Um die Wissenschaft zu beschreiben, die dem Heilungspotenzial von Steinen zugrunde liegt, wollen wir den Quarz als Beispiel nehmen. Alle Quarzkristalle bestehen aus einem Molekül, das Siliziumdioxid (SiO_2) genannt wird. Die individuellen Atome von Silizium und Sauerstoff im Kristallgitter des Quarzes sind miteinander verbunden (durch interatomare Kräfte). Doch obwohl sie untrennbar verbunden sind, befinden sie sich in ständiger Bewegung – jedes Atom und seine assoziierten Verbindungen schwingen jeweils auf spezifischen Frequenzen. Diese Frequenzen bestimmen, auf welche Weise jeder einzelne kristalline Feststoff nachhallt.

Nehmen wir zum Beispiel eine Quarzuhr, die mittels eines Quarz-
kristalls die Zeit anzeigt. Der Quarzkristall schwingt auf einer be-
kannten Frequenz, die es diesen Uhren ermöglicht, die Zeit präziser
anzuzeigen als durch andere Mechanismen. Das ist nur möglich,
weil Quarz ein piezoelektrisches Mineral ist. Minerale mit dieser
physischen Eigenschaft können als Resultat sowohl der chemi-
schen Zusammensetzung als auch der atomaren Struktur des Kristalls Energie in Form von Elektrizität übertragen. Alle Heilsteine
zeichnen sich durch einzigartige physische Eigenschaften aus (und
einzigartige Schwingungen), die die Art und Weise bestimmen, wie
sie mit der Welt um sie herum interagieren.

Dieses Beispiel – unsere Fähigkeit, mit Hilfe der Schwingung
von Quarz die Zeit genau angeben zu können – gibt Aufschluss
darüber, wie die physischen Mechanismen dieser Realität (selbst
jene, die unserem Blick verborgen sind) unterschiedliche, greifbare
Wirkungen auf unser Leben haben können.

Die einfachste Möglichkeit, Kristallenergie in Ihr Zuhause zu bringen, besteht darin, einen Heilstein entsprechend seiner Eigenschaften in Ihrer Wohnung sichtbar zu platzieren. Zum Beispiel ist ein Amethyst perfekt für den Nachttisch geeignet, da er Sie gut schlafen lässt, indem er Ihnen das Gefühl gibt, sicher und geborgen zu sein. Ich habe stets einen Pyrit auf meinem Schreibtisch, weil er die Willenskraft und das Manifestieren unterstützt.

Neben der direkten Arbeit mit dem Heilstein besteht die einfachste Möglichkeit darin, ein Heilstein-Elixier zuzubereiten. Ein solches Elixier ist eine Essenz, die die Schwingung eines Steins beinhaltet und in einer Mischung aus Wasser und Alkohol konserviert. In dieser flüssigen Form können Sie die Heilungskräfte eines jeden Kristalls nutzen, indem Sie ein paar Tropfen seiner Essenz verwenden; zum Beispiel indem Sie ein wenig davon direkt auf Ihre Zunge geben oder in einem Glas Wasser verdünnen. Außerdem können Sie die Essenz äußerlich anwenden, indem Sie ein paar Tropfen des Elixiers auf Ihre Haut tupfen oder Cremes und Kosmetika mit Essenzen Ihrer Wahl anreichern. Oder Sie kreieren ein paar echt magische Raumsprays und Reinigungsprodukte, die herzustellen ich Ihnen im Laufe unserer gemeinsamen Reise zeigen werde.

WIE MAN EIN HEILSTEIN-ELIXIER ZUBEREITET

1

Reinigen Sie Ihren Heilstein. Ob Sie Ihren neuen Heilstein gerade erst erworben haben, oder ob er schon eine Weile bei Ihnen ist, in jedem Fall sollten Sie ihn reinigen, bevor Sie ihn benutzen. Das ist ganz einfach. Sie können ihn unter laufendes Wasser halten, mit Salbeiräucherwerk reinigen (siehe Seite 89) oder ihn circa eine halbe Stunde in die Sonne legen. Alternativ können Sie ihn für einige Minuten in eine Schüssel mit Salz geben. Dies wird jeglichen Rest von Energien, die Ihr Kristall vielleicht aufgesaugt hat, beseitigen, damit Sie den Stein neu auf die von Ihnen gewünschte Frequenz einstellen können.

2

Legen Sie Ihre Absicht fest. Halten Sie den Heilstein eine Minute lang in Ihrer dominanten Hand. Denken Sie daran, wie dieser Heilstein Ihnen helfen soll. Was erhoffen Sie sich von seinen Heilungseigenschaften in Bezug auf Ihre Situation? Schließen Sie die Augen und visualisieren Sie Ihre Absicht auf eine Weise, die sich für Sie richtig anfühlt.

3

Geben Sie den Heilstein in ein Glas mit sauberem Wasser, oder legen Sie ihn daneben – bitte kein Plastik benutzen, da es die Schwingung nicht so gut halten wird! (Achten Sie auch darauf, dass manche Kristalle wasserlöslich sind und sich daher auflösen, wenn sie längere Zeit im Wasser liegen.) Stellen Sie das Glas mit dem Heilstein sowie eine kleine Tropfflasche, in der Sie Ihr fertiges Elixier aufbewahren möchten, für ungefähr vier Stunden in direktes Sonnenlicht.

4

Füllen Sie die Tropfflasche zur Hälfte mit Weinbrand und die andere Hälfte mit dem Kristallwasser aus dem Glas. Das ist alles! Sie haben sich soeben Ihr persönliches Heilstein-Elixier gezaubert.

HEXEN-EINMALEINS

OBJEKTE AUFLADEN

Bei der Arbeit mit magischen Objekten ist es wichtig, sie »aufzuladen«. Was bedeutet, das Objekt mit einer spezifischen Energie zu versehen. Diese Energie kann eine Intention sein, ein Ziel, das Sie sich setzen. Dazu müssen Sie das Objekt in der Hand halten oder, falls es größer ist, es einfach nur berühren, Ihre Augen schließen und über die Intention meditieren, mit der das Objekt nach Ihrem Wunsch versehen werden soll. Zum Beispiel könnten Sie ein Urlaubssouvenir mit der Energie des Abenteuers und Vergnügens aufladen, die Sie auf der Reise erlebt haben. Und wenn Sie wieder nach Hause fahren, bringen Sie diese spezifische Energie in physischer Form mit.

Außerdem können Sie die Objekte mit der kosmischen Energie der Sonne oder des Mondes aufladen. Zum Beispiel lade ich meine Kristalle zuweilen mit Mondlicht auf, indem ich sie in einer Vollmondnacht aufs Fensterbrett lege. So werden sie mit der Energie von Fülle und Dankbarkeit angereichert, damit ich diese Energie immer um mich haben kann.

ASTROLOGIE

Das Studium der Astrologie geht weit über den Blick auf die Horoskopseite der Sonntagszeitung hinaus. Astrologie verbindet das, was hier auf der Erde geschieht, mit dem, was im Himmel über uns los ist. Die Sterne, Planeten und Asteroiden sind allesamt Teil der Natur, und nur weil sie sehr weit weg sind, bedeutet dies nicht, dass sie keinen Einfluss auf Ihr Leben haben. Versuchen Sie, das Ganze wie eine kosmische Landkarte zu betrachten. Ihr Geburtshoroskop, oder die Anordnung der Himmelskörper an dem Tag, an dem Sie geboren wurden, ist Ihr Ausgangspunkt; und die Art, wie diese Himmelskörper sich im Laufe Ihres Lebens durch den Himmel bewegen, zeigt an, wohin Sie gehen. Zum Beispiel erleben viele Menschen irgendwelche Störungen oder Turbulenzen in den Jahren zwischen 25 und 30. Dies fällt mit der sogenannten »Saturn-Rückkehr« zusammen (circa alle 28 Jahre), in der das planetarische Schwergewicht Saturn zu exakt der Position zurückkehrt, in der er sich am Tage Ihrer Geburt befand.

Zu unserem Zweck fokussieren wir uns hier auf einen bestimmten Teil der Astrologie, bekannt als »Häuser«, die ein unveränderlicher Aspekt Ihres Geburtshoroskops sind. In »Kapitel 1: Manifestieren« werden wir uns detaillierter damit befassen.

TAROT

Ein typisches Tarot-Deck hat achtundsiebzig Karten, und die meisten dieser Karten sind ähnlich wie die eines normalen Spielkartendecks eingeteilt, nur dass die vier Farben die vier Elemente repräsentieren: Münzen/Erde, Kelche/Wasser, Stäbe/Feuer und Schwerter/Luft. Jede Farbe besteht aus vierzehn Karten, von Ass bis König. Diese sechsundfünfzig Karten werden die kleinen Arkana genannt. Auf den ersten Blick unterscheidet sich das Tarot also nicht sehr von den Spielkarten, die Sie mit Ihrer Oma beim Rommé-Spielen benutzt haben.

Dann gibt es noch die Karten, die über ein normales Deck von Spielkarten hinausgehen: die großen Arkana. Diese zweiundzwanzig Karten reichen von »Der Narr« bis zu »Die Welt«. Wie geheimnisvoll sich das Ganze auch anhören mag, werden Ihnen auch diese Karten vertraut vorkommen, selbst wenn Sie noch nie ein Tarot-Deck in der Hand gehalten haben. Es handelt sich bei Ihnen um die universalen Archetypen – Charaktere, die uns immer wieder in Geschichten aus den verschiedensten Kulturen, Orten und Zeitaltern begegnen und die in Romanen, Filmen, Theaterstücken und sogar in unserem eigenen Leben gegenwärtig sind. Wie alle unsere Lieblingscharaktere ist auch der Narr auf einer Reise, genauer gesagt auf einer Reise durch die großen Arkana – von naiv-unbedarften Anfängen bis hin zur freudigen Vollendung, die alles, was der Charakter unterwegs gelernt hat, zu einem großen Ganzen zusammenfügt.

Und so können wir auch unser eigenes Leben betrachten: Als einen ständigen Kreislauf des Lernens und Wachsens durch die verschiedenen Lebensabschnitte. Nicht alle dieser Abschnitte sind einfach, und manche mögen sogar beängstigend erscheinen, wie zum Beispiel jene, die durch die Karte »Der Teufel« symbolisiert werden. Doch selbst der Teufel ist nur ein vorübergehender Zustand, wo es darum geht, alte Muster, Obsessionen und Suchtverhalten hinter sich zu lassen, die Sie daran hindern, Ihr optimales Leben zu leben.

PFLANZENHEILKUNDE

Pflanzen sind ein integraler Teil des Ökosystems unserer Erde und ein wirkungsvoller Teil des Instrumentariums einer jeden Hexe. Neben den medizinischen Vorteilen sind Kräuter von ihrer eigenen Magie erfüllt. Jedes Kraut hat sehr reale und spürbare Auswirkungen auf den Körper und kann außerdem helfen, bei der magischen Arbeit für bestimmte Themen, Archetypen und Intentionen zu stehen.

Pflanzenheilkunde schließt Tinkturen, Tees, Bäder und alle Sorten von Kräuterrezepten ein. Ob Sie Kräuter für magische oder medizinische Zwecke verwenden, in jedem Fall ist es wichtig, genau zu prüfen, dass Ihre Arbeit mit Kräutern keine Gefahren birgt. Wenn Sie vorhaben, Teile der Pflanze einzunehmen oder in direkten Kontakt mit Pflanzenmaterial zu kommen, prüfen Sie, ob es Kontraindikationen mit irgendwelchen Medikamenten gibt, die Sie vielleicht nehmen. Die Rezepte in diesem Buch enthalten getrocknete und frische Pflanzen, ätherische Öle und Extrakte. Bei ätherischen Ölen handelt es sich um eine sehr konzentrierte Form der Pflanze, daher ist es empfehlenswert, sie zu verdünnen, bevor Sie ein paar Tropfen davon auf Ihre Haut geben. Blumen- und Kräuter-Extrakte fangen die Energieschwingungen der Kräuter ein, ohne dass Pflanzenmaterial enthalten ist. Betrachten Sie diese Essenzen als eine Art Energiemedizin. Kräuterpäckchen können Teile der Pflanzen sowie ätherische Öle enthalten und werden in der Regel nach Belieben überall im Haus verteilt.

Wenn Sie interessiert sind, tiefer in die Pflanzenheilkunde einzutauchen: Es gibt jede Menge Bücher und Online-Kurse, die Ihr Kräuterwissen erweitern und Ihre Zauberpraktiken ergänzen.

Hoffentlich haben Sie mittlerweile erkannt, wie all diese verschiedenen Werkzeuge in Wechselbeziehung stehen und zusammen angewandt werden können.

In den folgenden Kapiteln werden wir die magischen Praktiken, mit denen wir uns gerade vertraut gemacht haben, mittels der bereits erwähnten sechs Grundlagen zur Schaffung eines harmonischen Zuhauses miteinander verweben. Wir werden mit ein wenig Manifestationszauber beginnen, um Ihnen zu helfen, sich darüber klar zu werden, wie Ihr Zuhause aussehen soll und wie Sie diese Vorstellung realisieren können. Dann werden wir Ihrem häuslichen Umfeld einen wohltuenden frischen Start verpassen, indem wir unnötiges Gerümpel entfernen und schale, festgefahrene Energien eliminieren. Als Nächstes ist das Thema Schutz an der Reihe, indem Sie sich selbst erden und Ihr Zuhause vor unliebsamen Geistern, schlechten Schwingungen und Gänsehaut-Situationen schützen. Dann sind wir so weit, es uns in Kapitel 4 gemütlich zu machen. Wir werden darüber sprechen, wie Sie Ihr Zuhause in ein behagliches Nest verwandeln können, indem sie alle SECHS Sinne benutzen. Kapitel 5, in dem es um Harmonie geht, wird sich auf das Zusammenleben mit anderen fokussieren und wie man Einrichtungsstile mischen und gesunde Grenzen ziehen kann. Und schließlich, nachdem wir uns um alles Notwendige gekümmert haben, werden wir uns mit Pflanzen-Magie und Atemarbeit in heiterer Harmonie entspannen.

KAPITEL 1

MANIFESTIEREN

Als meine Freunde Kaitlyn und Ben mich vor einiger Zeit um einen Zauber baten, der ihnen helfen sollte, das Haus ihrer Träume zu finden, baten sie in Wahrheit um einen Manifestationszauber. Für mich ist das Manifestieren eine Kunstform. Es ist die Kunst, sich darüber klar zu werden, was man möchte; eine Absicht zu formulieren und sich dann zu öffnen, um die Erfüllung dieses Wunsches zu akzeptieren. Damit Sie mich bitte nicht falsch verstehen: Sie bekommen nicht immer das, was Sie wollen, sondern das, was Sie brauchen. Grundsätzlich weiß das Universum stets, was am besten für uns ist. Manchmal ist das, was wir meinen haben zu wollen, nicht wirklich zu unserem Besten, und ein großer Teil des Manifestierens besteht darin, an Ihre höhere Macht (wie immer Sie sie nennen: Gott/Göttin, das Universum, Seele, Geist) zu glauben und auf sie zu vertrauen, um zu erkennen, was tatsächlich das Beste für Sie ist. Wir Menschen, in der materiellen Welt verwurzelt, sind nicht immer eingeweiht in den »großen Plan«.

Kaitlyn und Ben hatten seit Langem nach einem neuen Haus gesucht und waren sich sehr klar darüber, was sie brauchten. Also zeichnete ich einfach den groben Umriss eines Hauses (das Logo meines kurz darauf ins Leben gerufenen Unternehmens vorausahnend!) und schrieb die Namen der beiden in die Mitte. Dann legte ich, zusammen mit einer heimelig duftenden Kerze und einem Magnet, ein paar Heilsteine auf die Zeichnung, von denen ich wusste, dass sie sich gut für eine erfolgreiche Manifestation eigneten, um die Realisierung ihres Wunsches zu beschleunigen.

»Die Hexen arbeiten dran!« ließ ich meine Freunde per SMS wissen. Zwei Wochen später, nach vorherigem monatelangem Suchen, zogen Kaitlyn und Ben in ihr neues Zuhause.

Dabei hatte ich nichts anderes getan, als die Intention der beiden auf eine Weise zu fokussieren, dass das Universum aufmerksam wurde. Der Zauber half ihnen, sich unterstützt zu fühlen, indem sie auf eine Macht vertrauten, die größer war als sie selbst. Tatsächlich half es auch mir. In jener Nacht wurde die Idee für meine magischen Sets geboren.

Einer der Schlüssel für erfolgreiches Manifestieren besteht darin, sich so klar wie möglich über das zu sein, was Sie wirklich wollen. Es gibt diverse unterschiedliche Techniken, die ich gerne benutze, um Klarheit zu gewinnen und entsprechende Ziele setzen zu können.

MOODBOARDS

Moodboards sind häufig benutzte Manifestations-Werkzeuge, die in den letzten zwei Jahrzehnten immer beliebter wurden. Die Idee dahinter ist, Ihnen zu helfen, sich Ihrer authentischsten Wünsche bewusst zu werden, indem Sie Ihr Unterbewusstsein durch Bilder und Worte anzapfen. Falls Sie noch nie ein Moodboard kreiert haben – kein Problem, es ist ganz einfach. Sie sammeln Fotos, Werbeanzeigen, Zeitungsausschnitte, Stoffmuster, Tarot-Karten, Aufkleber und ähnliche Dinge, von denen Sie sich positiv berührt fühlen und arrangieren sie nach Gefühl auf einem Plakatbrett oder an der Wand.

Würde ich zum Beispiel ein Moodboard für ein »Traumhaus« basteln wollen, würde ich Bilder aus Magazinen für Haus & Garten, Werbeanzeigen von Immobilienmaklern, Möbelkataloge und eventuell ein paar Farbmuster oder andere hausbezogene Objekte wählen, die repräsentieren, wie mein Haus entsprechend meinen Wünschen aussehen und sich anfühlen soll. Ich würde ein paar hübsche Handwerksmaterialien benutzen und behutsam darauf achten, wie sich die Objekte zu einem einheitlichen Ganzen formen.

Schränken Sie sich nicht ein, wenn es darum geht, die Materialien für Ihr Moodboard zu sammeln; Sie können Dinge jederzeit hinzufügen oder entfernen, wenn Sie so weit sind, alle Teile zusammenzufügen. Die Art, wie Sie Ihr Board arrangieren, und die Intention dahinter sind vergleichbar mit dem Wirken eines Zaubers.

Japanisches Washi-Klebeband ist ein fantastisches Werkzeug, da es in vielen verschiedenen Farben und Mustern erhältlich ist und auf Papier und Wände geklebt werden kann, ohne sie zu beschädigen.

Zu einem Moodboard gehört mehr, als einfach nur Abbildungen von Dingen, die man sich wünscht, auf eine Pinnwand zu kleben. Ein Moodboard allein wird noch keine Luxusvilla in Ihr Leben bringen, es sei denn, Sie sind bereits Millionär. Doch es kann Ihnen helfen zu lernen, was Sie wirklich antreibt, und dieses Selbstbewusstsein ist der erste Schritt zum Manifestieren eines Lebens, das für Sie authentisch und erfüllend ist.

SCHLÜSSEL

Ich liebe es, alte Schlüssel als magische Werkzeuge zu benutzen. Was könnte ein besserer Talisman für Manifestationen sein als ein buchstäblicher Türöffner? Laden Sie einen Schlüssel mit Ihrer Intention auf, und dann benutzen Sie ihn, um das Tor zur universellen Kraft zu öffnen!

Achten Sie darauf, die Energie des Schlüssels zu reinigen, bevor Sie ihn zum ersten Mal benutzen – und erneut, wenn Sie planen, ihn später für einen anderen Zauber zu verwenden – indem Sie ihn für einige Stunden in eine Schüssel mit Salz legen oder mit Salbeiräucherwerk reinigen (siehe Seite 89). Wenn es darum geht, ein neues Zuhause zu manifestieren, würde ich über meine Intention meditieren und dabei den Schlüssel in der Hand halten. Anschließend würde ich ihn an meinen Schlüsselbund hängen und ihn auf diese Weise immer bei mir tragen oder in meine Tasche stecken, wenn ich auf Wohnungssuche bin.

Schlüssel-Zauber können in jeder Situation nützlich sein, in der Sie versuchen, sich der richtigen Gelegenheit zu öffnen.

HEILSTEINE ZUM MANIFESTIEREN

Labradorit

Dieser Stein wird manchmal als der »Aurora-Stein« bezeichnet, weil sein blaugrüner Schimmer – wenn er ins Licht gehalten wird – an die Aurora borealis (nördliches Polarlicht) erinnert. Einen Labradorit auf Ihr drittes Auge zu legen (siehe Seite 190) wird Ihnen helfen, einen Zusammenhang herstellen zu können und Synchronizitäten in Ihrem Leben zu erkennen, was Sie in Einklang mit dem Universum bringt. Diese Harmonisierung ist essenziell für das Manifestieren Ihrer Träume in der Realität und wird Sie dabei unterstützen, Ihren optimalen Weg zu finden.

Rauchquarz

Die erdenden Eigenschaften dieses Steines helfen Ihnen, Ihre Wünsche von der Ebene des Geistes in die materielle Welt zu holen. Sobald Ihnen Ihre Träume oder Ideen bewusst sind, kann der Rauchquarz Sie unterstützen, wenn es um die Organisation und die pragmatische Umsetzung geht. Außerdem ist er ein überaus beschützender Stein; sobald Sie also Ihre Intentionen manifestiert haben, wird der Rauchquarz alle negativen Energien oder Einflüsse blockieren, die Ihnen eventuell in die Quere kommen könnten.

Pyrit

Für mich ist Pyrit der »Macher«-Stein. Er ist mein absoluter Favorit aufgrund seiner Manifestationskraft. Auch bekannt als »Narrengold«, formt sich der Pyrit zu perfekten Würfeln in allen Größen; zudem kommt sein Name pyr vom griechischen Wort für »Feuer«. Der Pyrit erfüllt Sie mit Vertrauen und fördert so Ihre Willenskraft, Ambitionen und Ausdauer. Denn schließlich können Sie beim Manifestieren das Universum nicht die ganze Arbeit alleine machen lassen. Der Pyrit wird Ihnen helfen, sich auf Ihr höheres Selbst einzustimmen und Ihre eigene Realität zu erschaffen.

Labradorit

Rauchquarz

Pyrit

MANIFESTATIONS-PYRITUAL

Lassen Sie sich von dem kalauernden Namen nicht täuschen – dieser einfache Zauber ist ein wahres Kraftpaket, das nur so vor Manifestationspotenzial strotzt!

1

Kreieren Sie ein Mini-Moodboard oder schreiben Sie auf ein Stück Papier, was Sie manifestieren wollen.

2

Legen Sie das Stück Papier oder Moodboard auf eine flache, feste Unterlage in die Nähe eines geöffneten Fensters.

3

Legen Sie einen Pyrit, eine Kerze und ein Objekt, das als Symbol für den Akt des Öffnens steht (zum Beispiel ein Schlüssel), auf das Papier.

4

Halten Sie ein Räucherstäbchen oder einen Räucherkegel in Ihrer Hand und stellen Sie sich vor, wie es aussehen und sich anfühlen würde, das zu haben, was Sie sich wünschen. Versuchen Sie, dabei so detailliert wie möglich vorzugehen. Benutzen Sie all Ihre Sinne.

5

Sagen Sie: »Dies ist es, was ich zu meinem Höchsten und Besten manifestiere.«

6

Zünden Sie das Räucherwerk an, legen Sie es auf eine feuer-feste Unterlage und platzieren Sie diese auf Ihrem Blatt Papier. Während der Rauch aus dem offenen Fenster steigt, visualisieren Sie Ihre Intention, wie sie aus Ihrem Zimmer in die Welt hinaus-getragen wird.

WAS IN DEN STERNEN STEHT: FINDEN SIE IHR VIERTES HAUS

Eine andere Möglichkeit, sich darüber klar zu werden, wie Ihr Zuhause Ihren wahren Wünschen und Bedürfnissen entsprechend aussehen soll, besteht darin, sich Ihr Geburtshoroskop anzuschauen. Vielleicht sind Sie schon vertraut mit Ihrem Sternzeichen, das anzeigt, wo die Sonne zum Zeitpunkt Ihrer Geburt am Himmel stand, doch gibt es noch jede Menge andere Himmelskörper, und sie alle haben unterschiedliche Eigenschaften, die jeweils mit ihnen in Zusammenhang stehen. Im Idealfall wird Ihnen Ihr Geburtshoroskop zeigen, wo alle Planeten (und manche Asteroiden!) sich in exakt dem Augenblick am Himmel befanden, als Sie geboren wurden. Zu wissen, wo die Himmelskörper zum Zeitpunkt Ihrer Geburt standen, kann Ihnen dabei helfen alle möglichen unterschiedlichen Aspekte Ihres Lebensweges und Ihre Persönlichkeit besser zu verstehen. (Es ist einfach und kostet nichts, sich Ihr Geburtshoroskop im Internet auf Seiten wie www.astro.com anzuschauen; das Einzige, was Sie dazu brauchen, ist Ihr Geburtsdatum, die genaue Geburtszeit und den Ort Ihrer Geburt.) Und so wird es in etwa aussehen:

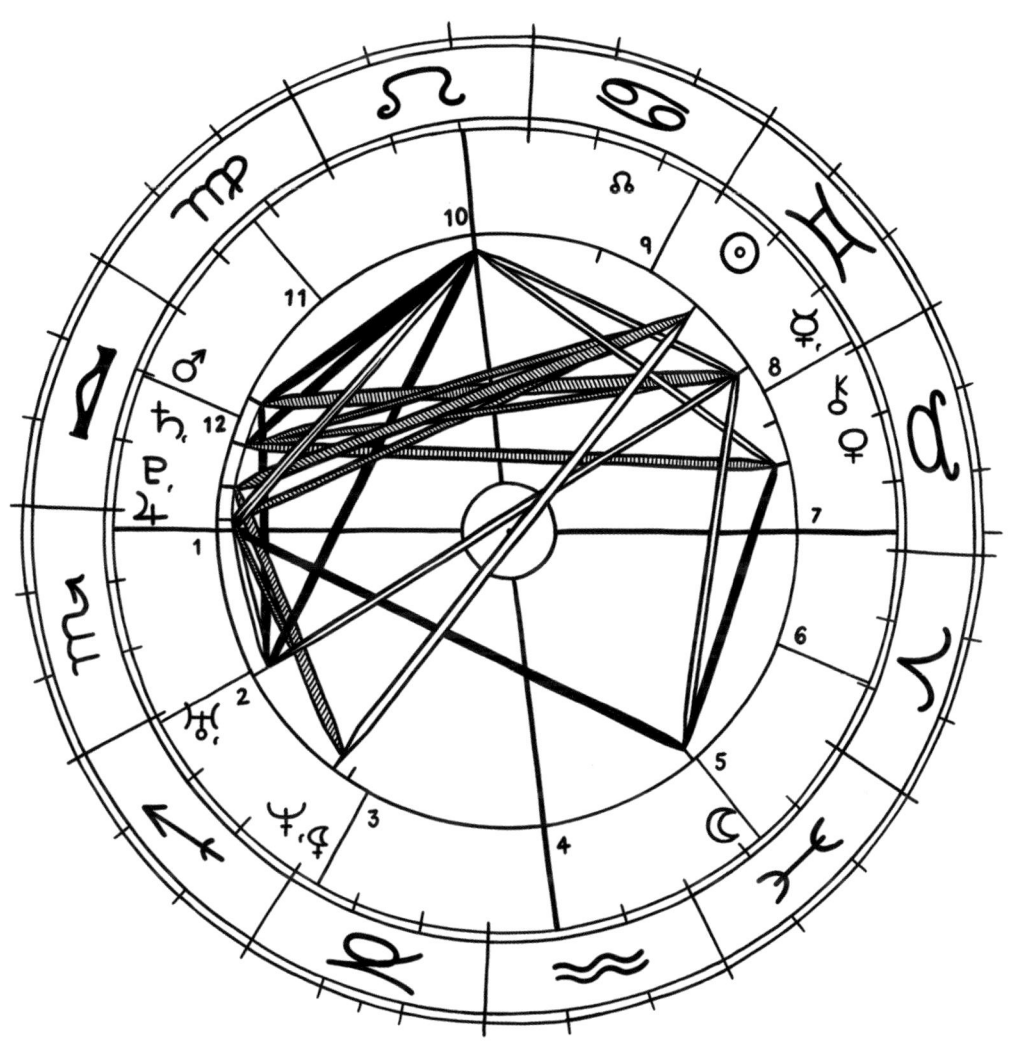

Schon verrückt zu sehen, dass sogar mein Horoskop wie ein »Haus« geformt ist!

KAPITEL 1: MANIFESTIEREN

Ihr Geburtshoroskop ist in zwölf Abschnitte unterteilt, die »Häuser« genannt werden. Sie werden in jedem dieser Abschnitte kleine Zahlen sehen: Diese beziehen sich auf die Häuser. Jedes Haus repräsentiert einen anderen Bereich Ihres Lebens, wie zum Beispiel Liebe, Familie oder Beruf. In unserem Falle werden wir uns auf die Planeten fokussieren, die sich in Ihrem vierten Haus befinden. Das vierte Haus hat mit allem zu tun, was Ihr Heim betrifft, und was es Ihnen bedeutet. Außerdem bezieht es sich auf die Familie und Emotionen, und wie sich all diese Aspekte für Sie zusammenfügen.

Begleiten Sie mich auf eine Reise zu den Sternen, mit der freundlichen Unterstützung von meiner brillanten Freundin, der Astrologin Grace Harrington Murdoch. Beginnen wir damit, uns einen Überblick darüber zu verschaffen, was es für Sie bedeutet, die folgenden Planeten im vierten Haus zu haben:

Sonne: Sie haben eine starke Verbindung zu Ihrem Zuhause und Ihrer Herkunft und lieben es, Ihr Heim anderen zu zeigen und darüber zu sprechen. Ihre Wurzeln sind ein wichtiger Teil Ihrer Identität, und Sie gehen sehr fürsorglich damit um. Am wohlsten werden Sie sich in einem großzügig gebauten Haus fühlen, das Ihnen Raum zum Wachsen und für schöne Erinnerungen mit Familie und Freunden bietet.

Mond: Sie hegen starke Gefühle für Ihr Zuhause und es ist Ihnen sehr wichtig, verwurzelt zu sein. Möglicherweise sind Sie etwas wankelmütig in Ihrer Vorstellung, wie Ihr Zuhause auszusehen hat, und Sie möchten es häufig umgestalten und neu tapezieren. Machen Sie Ihr Zuhause zu Ihrem Hobby und erlauben Sie sich selbst, auf einer tiefen Ebene herauszufinden, was Ihr Haus zu einem Zuhause macht, in dem Sie sich geborgen fühlen.

Merkur: Sie denken ständig an Ihr Zuhause und sprechen gerne darüber, doch gleichzeitig gefällt Ihnen eine eher nomadische Lebensweise. Sie möchten Ihr Zuhause mit geistigen und kulturellen

Aktivitäten verbinden, und es ist wichtig für Sie, Freunde und Familie zu sich einzuladen.

Venus: Sie lernen eine Menge über Selbstliebe, indem Sie Ihr Heim schön gestalten. Sie werden es mit großem Stolz einrichten und Kunst sowie kostbare Objekte sammeln, damit andere sie bewundern können. Sie wollen ein Zuhause haben, das groß genug ist, um Ihre Schätze gebührend zu zeigen.

Mars: Als leidenschaftlich unabhängiger Mensch, lieben Sie es, als Heimwerker aktiv zu sein und hätten die größte Freude an einem Zuhause, das Ihnen Projekte bietet, in die Sie sich hineinstürzen können. Damit Sie sich wirklich zu Hause fühlen, brauchen Sie einen Ort, um überschüssige Energie zu verbrennen, zum Beispiel einen Fitnessraum, Garten oder Swimmingpool.

Jupiter: Ihr Zuhause bringt Ihnen viel Freude und bietet Ihnen die Möglichkeit, sich auszubreiten. Sie wissen hohe Decken oder eine großzügige Raumaufteilung zu schätzen, genau wie umfangreiche Sammlungen, die Sie zur Schau stellen können, wie Bücher oder Artefakte Ihrer Reisen.

Saturn: Sie sind durch Ihr Verantwortungsgefühl mit Ihrem Zuhause verbunden und sehnen sich nach einem Gefühl der Stabilität, das Sie zuweilen niederdrücken kann. Wichtig ist dafür zu sorgen, dass Sie einen Ort haben, wo Sie sich entspannen und neue Kraft tanken können. Versuchen Sie, Ihre häuslichen Pflichten wann immer möglich zu delegieren, damit Sie es etwas leichter haben.

Uranus: Es kann sein, dass Sie den Begriff »Zuhause« anders verstehen als die Familie, aus der Sie stammen, und das ausgeprägte Bedürfnis haben, zu kommen und zu gehen, wie es Ihnen gefällt. Wurzeln zu schlagen ist etwas, mit dem Sie nichts anfangen können – vielmehr lieben Sie es, viel unterwegs zu sein. Sollten Sie sich tatsächlich irgendwann an einem bestimmten Ort niederlassen, wird Ihr Zuhause eine rebellische Ästhetik ausstrahlen. Wenn Sie an das Einrichten Ihres Nestes wie an ein neues Abenteuer herangehen, werden Sie aufblühen.

Neptun: Es mag sein, dass Sie ein wenig einsiedlerisch sind und Ihr Zuhause als Ihr »Hinterzimmer« betrachten, wo Sie sich von der Welt zurückziehen können. In Ihrem Zuhause einen Altar oder irgendeine andere Art von geheiligtem Raum zu schaffen, wird Ihnen eine Möglichkeit bieten, sich vorübergehend von der Außenwelt abzuwenden. Sie sollten die Betonung auf Ihre Privatsphäre legen, um sich in Ihrem Zuhause wirklich geborgen und unterstützt zu fühlen.

Pluto: Sie fühlen sich mehr mit dem Land beziehungsweise Grundstück verbunden, auf dem Sie leben, als mit Ihrem Zuhause selbst. Die Einrichtung wird wahrscheinlich eher von dunkler, geheimnisvoller und sinnlicher Natur sein. Sie fühlen sich wohl auf der Schattenseite des Lebens und haben keine Angst vor der Dunkelheit ... doch sollten Sie dafür sorgen, dass es ein paar Quellen natürlichen Lichtes gibt, um eine Balance herzustellen.

MONDZEICHEN

Übrigens ist es total okay, wenn Sie keine Planeten in Ihrem vierten Haus haben. Wenn irgendeines Ihrer Häuser leer ist, bedeutet dies lediglich, dass Sie sich in dieser Inkarnation nicht auf diesen Aspekt Ihres Lebens fokussieren müssen. Vielleicht haben Sie ihn in einem anderen Leben gemeistert, oder vielleicht gibt es hier und jetzt andere karmische Angelegenheiten, um die Sie sich kümmern müssen. Dennoch können Sie eine Vorstellung über die Natur Ihrer Beziehung zu Ihrem Zuhause gewinnen, wenn Sie sich Ihr Mondzeichen anschauen. Ihr Mondzeichen ist – Sie haben es erraten – das Sternzeichen, in dem der Mond stand, als Sie geboren wurden. Der Mond steht für Gefühle; zudem besitzt er eine mütterliche Energie, was ihm einen starken Bezug zu Heim und Herd gibt. Es geht darum, auf welche Weise Sie sich gehegt und umsorgt fühlen.

Hier sind ein paar Wohnideen, um Ihr Zuhause in Harmonie mit den Sternen zu bringen.

Widder: Das Schlüsselwort hier lautet: GEWAGT. Der Widder ist ein Feuerzeichen, und das bringt viel Yang-Energie ins Haus. Wahrscheinlich lieben Sie jede Menge Farben, Glanz und Helligkeit. Sie sollten sich vielleicht überlegen, Dekor in Blau- und Grüntönen hinzuzunehmen, um ein wenig von diesem Feuer zu kühlen, damit sich Ihr Zuhause harmonischer anfühlt.

Stier: Der Stier wird von Venus regiert, dem Planeten der Schönheit und Liebe. Ihr Zuhause sollte sich üppig-sinnlich anfühlen und mit Dingen ausgestattet sein, die Sie lieben. Die Art von Zuhause, die sich durch wunderbares natürliches Licht, hinreißend schöne Kunst und ausufernde Zimmerpflanzen auszeichnet.

Zwilling: Wie der Name schon andeutet, besitzt ein Zuhause unter dem Zwillings-Mond häufig eine geteilte Persönlichkeit, und das ist völlig in Ordnung so! Achten Sie lediglich darauf, Ihre beiden unterschiedlichen Stile in Harmonie zu bringen. Man kann es fast damit vergleichen, ein Haus einzurichten für ein Paar, bei dem jeder einen anderen Geschmack hat: Wenn Sie es erst einmal herausgefunden und entsprechend umgesetzt haben, wird sich Ihr Zuhause bemerkenswert ausgeglichen anfühlen, mit einem ausgeprägt individuellen Stil.

Krebs: Das ultimative Wasserzeichen, bei dem das Konzept von Heim und Herd besonders wichtig ist. Denken Sie an einen Einsiedlerkrebs mit seiner Muschel, der sein Zuhause immer mit sich herumträgt. Am liebsten würden Sie in der Nähe des Wassers leben, oder Ihr Zuhause mit Kunst und Möbeln ausstatten, die in irgendeiner Form Wasser repräsentieren.

Löwe: Als »Star« unter den Tierkreiszeichen wird der Mond im Löwen sein Zuhause als Bühne sehen. Sie werden einen Ort haben wollen, wo Sie Ihr häusliches Leben zu einer Aufführung machen können. Strahlende Dinnerpartys zu veranstalten, mit ausgeklügelten Gängen; den schönsten Garten oder die hellste Weihnachtsbeleuchtung in der Nachbarschaft zu haben: Diese Dinge werden Sie zum Leuchten bringen.

Jungfrau: Aufgrund Ihrer Neigung zu Präzision und Perfektion fühlen Sie sich zum Minimalismus hingezogen. Ihr verfeinerter Geschmack wird nur die edelsten Einrichtungsgegenstände und Kunstobjekte zulassen. Ihr Zuhause sollte Ihrem Bedürfnis entgegenkommen, organisiert und frei von Gerümpel zu sein, mit jeder Menge Schränken, Regalen und sonstiger Aufbewahrungsmöglichkeiten.

Waage: Der Mond in der Waage bringt mühelos Harmonie in Ihr Zuhause. Sie werden genug Zeit und Energie investieren, um dafür zu sorgen, dass alle Elemente repräsentiert sind, damit sich Ihr Heim harmonisch anfühlt. Ohne das würden Sie sich wahrscheinlich unruhig oder unwohl fühlen. Beziehungen sind besonders wichtig für Sie, was Sie zu einem perfekten Lebenspartner oder Mitbewohner macht.

Skorpion: Bei dieser Mondstellung dreht sich alles um die Unterwelt, und Sie fühlen sich am meisten zu Hause an einem Ort, der Sie diese tiefe Intensität fühlen lässt. Achten Sie nur darauf, die dunklen Farbtöne, zu denen Sie sich hingezogen fühlen, durch Fenster auszugleichen, die ein wenig natürliches Licht hereinlassen – oder sorgen Sie zumindest für eine interessante dekorative Beleuchtung.

Schütze: Ein weiteres Feuerzeichen; wenn Ihr Mond sich in diesem Zeichen befindet, werden Sie kräftige Farben und helle Räume lieben. Der Schütze ist bekannt dafür, dass er das Reisen liebt, daher ist es wichtig, dass Sie diese Neigung bei der Einrichtung und Dekoration Ihres Zuhauses berücksichtigen. Artefakte von Reisen oder anderen Kulturen, die Sie bewundern, werden Sie davor bewahren, sich gefangen zu fühlen, wenn Sie daheim sind.

Steinbock: Die Stellung des Mondes im Steinbock bedeutet, dass Sie ein Faible für die feineren Dinge des Lebens haben, und gelegentlich schätzen Sie ein hübsches Statussymbol. Die Natur in

Ihr Zuhause zu bringen ist Ihnen ebenso wichtig, was besonders naheliegt, da der Steinbock ein Erdzeichen ist. Ein blühender Garten oder Landschaftsbau, um den Ihre Nachbarn Sie beneiden, wird Ihnen helfen, sich zu Hause zu fühlen.

Wassermann: Luftzeichen wie der Wassermann sind immer ein wenig verrückt und rebellisch. Ihr Geschmack in Bezug auf Einrichtung und Dekor wird gewagt und wahrhaft individuell sein. Sorgen Sie dafür, dass Ihr Zuhause dies reflektiert und versuchen Sie nicht, sich dem anzupassen, was im Moment Mode oder der letzte Schrei ist. Am besten wäre es, ein Haus oder eine Wohnung zu finden, die leer stehen, und wo Sie wirklich nach Ihren Wünschen alles gestalten können; oder an einen Ort zu ziehen, den Sie nach Herzenslust renovieren können.

Fische: Ihr Zuhause ist Ihr sakraler Raum. Sie brauchen einen Ort, wo Sie sich sowohl mit der Ebene des Geistigen verbunden als auch in Ihrem Privatleben rundum geschützt fühlen. Sie werden ein Zuhause haben wollen, wo Sie sich transzendenten Erfahrungen wie Tanzen, Meditieren und Träumen hingeben können.

Jetzt, wo Sie zu entdecken beginnen, wie Sie das Zuhause Ihrer Träume manifestieren und es mit Ihrem gegenwärtigen Zuhause und Ihren höchsten Intentionen in Einklang bringen können, ist es an der Zeit, alles loszulassen, was Ihnen energetisch und physisch nicht länger dient.

KAPITEL 2

REINIGEN

Auf physischer und energetischer Ebene Raum in Ihrem Zuhause zu schaffen, wird Ihnen erlauben, klarer zu denken, sich tiefer zu entspannen und eine tiefere Verbindung zu den Sachen in Ihrem Zuhause zu knüpfen, die Ihnen wirklich am Herzen liegen. Ein Frühjahrsputz ist eine tolle Sache, doch ich empfehle Ihnen die regelmäßige Praktik des Entrümpelns, der Tiefenreinigung und Raumklärung, um Ihr Zuhause in jeder Beziehung frisch und sauber zu halten.

Entrümpeln: Die dunkle Stunde vor dem Sonnenaufgang

In der heutigen Welt ist das Ansammeln von Dingen zu einer so tief verankerten Sucht geworden, dass wir sie nicht mehr wahrnehmen. Wir füllen unsere Schränke, unsere Keller und sogar angemietete Lagerräume außerhalb unseres Heims mit allem möglichen Gerümpel, von nostalgischen Andenken bis zu unnützem Trödel, von dem wir uns anscheinend nicht trennen können. Diese Sucht schadet nicht nur der Umwelt und beutet die Menschen aus, die die billigen Güter produzieren, die wir konsumieren, sondern belastet uns in unserem alltäglichen Leben auch physisch, emotional und geistig – und wofür?

Nach meiner Erfahrung ist das meiste, was wir ansammeln und aufbewahren, das heißt die Dinge, die wir nicht regelmäßig verwenden, nutzloser Ballast. Aus den Augen, aus dem Sinn, stimmt's? Nicht wirklich, leider. Denken Sie an die Dinge, von denen Sie in Ihrem Zuhause umgeben sind. Sie versuchen, sich zu entspannen und den Raum zu genießen, den Sie für sich selbst geschaffen haben, nur damit Ihr Blick auf jenem Berg von Papieren auf dem Schreibtisch oder dem alten Heimtrainer hängen bleibt, den Sie nie benutzen. Selbst wenn es Ihnen gelingt, dieses kleine Chaos bewusst auszublenden, saugt Ihr Unterbewusstsein es auf – und genau da wird es zu einem Problem.

In meiner Kindheit war unser Haus relativ überladen mit Dingen. Ungefähr einmal im Jahr, wenn mein Schlafzimmer so voll geworden war, dass ich kaum mehr den Weg zu meinem Bett fand, machten meine Mutter und ich uns daran, aufzuräumen und zu sehen, was weg konnte und was nicht. Was tatsächlich Spaß gemacht hat. Damals war es mir nicht klar, aber im Rückblick erkenne ich, dass es nicht zuletzt deswegen ein Vergnügen war, weil das Aufräumen und Aussortieren von Sachen zur Folge hatte, dass sich die Atmosphäre in meinem Zimmer leichter und unbeschwerter anfühlte.

Als Erwachsene habe ich stets in Apartments gewohnt, und das Gute beim Leben in kleinen Räumen ist, dass Sie sich gezwungen fühlen, unbenutzte und unnötige Dinge öfter zu eliminieren. Manche würden vielleicht sagen, dass ich obsessive Züge an den Tag lege, wenn es ums Entrümpeln geht, doch ich versichere Ihnen, dass es auch bei mir – wenn man nur genau genug hinsieht – Berge von Post und ungelesenen Büchern gibt, mehr oder weniger diskret versteckt. Dennoch bin ich mir bewusst, wie nervös, desorganisiert und niedergedrückt ich mich fühle, wenn ich von unnützen Dingen umgeben bin; zu Hause fällt es mir schwerer, mich zu entspannen, und beim Arbeiten bin ich weniger produktiv.

Es gibt eine Unmenge von Gründen, warum wir alle mehr oder weniger stark an unnütz gewordenen alten Sachen festhalten. Den Grund dafür herauszufinden wird oft als heilend empfunden, doch für unsere Zwecke ist das Einzige, was Sie wissen müssen, dass Sie sich viel besser fühlen werden, nachdem Sie einiges (oder vielleicht eine Menge) von Ihrem Zeug losgelassen haben.

LOSLASS-STRATEGIEN

Falls Sie das Buch »Magic Cleaning« nicht gelesen haben, lege ich es Ihnen dringend ans Herz, da die Autorin, Marie Kondo, *die* Expertin schlechthin ist, wenn es darum geht, wie Sie Ihr Zuhause entrümpeln können. Im Zentrum von Marie Kondos Methode

steht die Frage: Löst dieses Objekt / Buch / Kleidungsstück und so weiter Freude aus? Tut es das nicht, entsorgen Sie es. Was zur Folge hat, dass Sie nur von Ihren kostbarsten Schätzen umgeben sind, die dann den nötigen Raum haben, zu atmen und Sie zu entzücken.

Die Methode, die ich mit meinen Kunden anwende, besteht darin, drei Stapel zu bilden:

BEHALTEN / WEGGEBEN / ENTSORGEN

Wählen Sie ein Zimmer aus und schauen Sie sich alle Sachen darin an. Wenn Sie etwas finden, dass Sie in den letzten sechs Monaten weder benutzt noch angeschaut haben, legen Sie es auf den Stapel WEGGEBEN oder ENTSORGEN. Falls Sie es auf den Stapel BEHALTEN legen, fragen Sie sich selbst, ob das Objekt oder Kleidungsstück Ihnen wirklich am Herzen liegt – oder ob Sie es behalten, weil Sie das Gefühl haben, dass Sie es behalten sollten.

Ich selbst habe zum Beispiel jahrelang mehrere große Tupperware-Behälter voller Erinnerungen oder »Lebens-Artcfakten« behalten und stets von einem Apartment zum anderen mitgeschleppt wie totes Gewicht: alte Zeugnisse aus der Volksschule; Preise, die ich beim Sport gewonnen habe; und alte, ausgeleierte Konzert-T-Shirts, die ich nie wieder tragen würde. In meinen Augen behielt ich diese Dinge als eine Art Protokoll davon, wer und was ich bin, in dem Glauben, eines Tages könnte vielleicht jemand daran interessiert sein, sie zu sehen.

Doch als mein Vater vor einigen Jahren starb, wurde mir klar, was für eine sinnlose Schwärmerei diese Idee war. Er hinterließ zwei Häuser, total voll mit allem möglichen Zeug. Doch die Sachen von ihm, die mir wirklich wichtig waren, passten alle zusammen in einen kleinen Rucksack. Da wurde mir bewusst, dass Sachen nicht so wichtig sind, wie man meint. Ich vermisse meinen Vater jeden Tag. Und wie oft denke ich an all das Zeug, das er hinterlassen hat? NIE.

ZEUG VERSCHWINDEN LASSEN: ZAUBER IM BEISEIN VON ZEUGEN

Wenn Sie bereit sind, sich von Ihren überflüssigen Sachen zu trennen, einschließlich einiger Erinnerungsstücke: Hier ist ein Zauber, den Sie anwenden können, um diese Dinge zu ehren, während Sie sich von ihnen verabschieden. Nehmen Sie diese Hexerei an einem Tag vor, wo der Mond abnimmt oder dunkel ist.

1

Zünden Sie eine weiße Kerze an, die einen frischen Duft verströmt. Ich persönlich mag Pfefferminze, aber vielleicht empfinden Sie blumigen oder süßen Vanilleduft als angenehmer. Das Einzige, was zählt, ist, dass sich der Duft frisch und sauber anfühlt.

2

Öffnen Sie nach Möglichkeit mindestens ein Fenster im Raum.

3

Laden Sie eine gute Freundin oder einen Freund, Ihren Partner oder ein Familienmitglied ein, mit Ihnen zusammen Ihre Lebens-Artefakte der Reihe nach durchzugehen. Diese Personen werden als Zeugen agieren und Ihnen erlauben, Ihre Erinnerungen mit ihnen zu teilen, während Sie sich von den Objekten lösen, in denen diese Erinnerungen gespeichert sind.

4

Benutzen Sie die Stapel BEHALTEN / WEGGEBEN / ENTSORGEN, wenn Sie das Gefühl haben, es könnte Ihnen helfen. Behandeln Sie jedes Objekt als etwas Heiliges, selbst wenn Sie sich davon trennen wollen. Versuchen Sie, für alles dankbar zu sein, was Sie entsorgen. Dies kann durch stille Anerkennung oder ausgesprochene Worte geschehen. Nehmen wir an, das Objekt ist ein Sportpokal, den Sie als Jugendlicher gewonnen haben: Danken Sie dem Pokal dafür, die Erinnerung an Erfolg und Gewinnen festzuhalten; dann geben Sie sich die Erlaubnis, dieses Gefühl aus dem Objekt abzuziehen, damit es von Ihrer Aura absorbiert werden kann – und lösen Sie sich innerlich von dem Pokal. Versuchen Sie Objekte, die Sie weggeben, mit einer liebevollen, positiven Intention für die Person zu versehen, die den Gegenstand als Nächste empfängt.

5

Reduzieren Sie die Menge der Artefakte und Erinnerungsstücke, die Sie behalten wollen, auf circa ein Drittel (oder weniger!) ihres vorherigen Umfangs. Vielleicht können Sie sogar einige dieser Schätze offen in Ihrem Zuhause verteilen, anstatt sie in Kisten und Schachteln aufzubewahren?

6

Danken Sie Ihrem Zeugen dafür, Ihnen den Raum gegeben zu haben, der es Ihnen ermöglicht Ihre Erinnerungen hervorzuholen und zu verarbeiten.

Energetische Reinigung

Nachdem Sie jetzt Ihren Raum physisch von Gerümpel befreit haben, ist der perfekte Zeitpunkt gekommen, den Raum *an sich* auf einer energetischen Ebene zu reinigen. Menschen haben seit ewigen Zeiten unterschiedliche Methoden benutzt, um Energien zu reinigen: mit Rauch, Händeklatschen, Rasseln oder Glocken. Finden Sie heraus, welche Methode Sie vorziehen und beim Experimentieren als die effektivste empfinden; wichtig ist, eine Methode zu finden, mit der Sie die Energie in Ihrer Umgebung regelmäßig reinigen können, ganz besonders nach einer umfangreichen Entrümpelung oder einer intensiven Putzaktion.

EINE ANMERKUNG ZUM THEMA »RÄUCHERN«

Viele indigene Kulturen in den USA benutzen Räucherwerk, wie Salbei oder andere Kräuter, die nach dem Entzünden Rauch entwickeln, der heilende Eigenschaften besitzt. Doch der Begriff »Räuchern« beschreibt ein spezifisches Ritual, das als Teil einer umfassenderen heiligen Zeremonie benutzt wird. Daher sollte dieser Begriff nur im Kontext der vollen traditionellen indigenen Zeremonie angewandt werden.

HEILIGER RAUCH

Rauch repräsentiert die Umwandlung der materiellen Welt in den höheren Bereich des Geistigen. Die als Räucherwerk geeigneten Kräuter gibt es in verschiedenen Formen. Am bekanntesten ist der Stick: Ein Bündel aus einem oder mehreren Kräutern, die mit einem Faden zusammengebunden werden. Sie entzünden das Ende des Sticks und halten es wie einen Zauberstab. (Wedeln Sie jedoch nicht zu sehr mit dem Stick, da Funken herausfliegen können!) Nehmen Sie eine leere Muschel oder einen feuerfesten Teller, um die Asche aufzufangen. Außerdem können Sie lose Kräuter in der Muschel oder dem Teller verbrennen, indem Sie ein Stück Kohle zum Glühen bringen und die Kräuter oder das Harz darüber streuen. Wichtig dabei ist, dass der ganze Raum bis in jeden Winkel von dem duftenden Rauch erfüllt wird.

Bevor Sie Ihren Raum auf diese Weise spirituell reinigen, sollten Sie sich selbst ebenso innerlich reinigen, um sicherzugehen, dass sich jedwede negative oder festgefahrene Energie nicht an Ihren physischen oder energetischen Körper anhaften kann. Sie können auch an ein einfaches Mantra denken, das Sie innerlich wiederholen oder laut aussprechen, um positive Energie einzuladen, während Sie negative Energie loslassen. Etwas so Einfaches wie: »Ich reinige diesen Raum von jeglicher negativen Energie und ersetze sie mit meiner höchsten und besten Energie« reicht völlig.

Hier sind einige der bekanntesten Kräuter und Pflanzen, die gemeinhin zur Reinigung benutzt werden:

Salbei: Das bei Weitem gebräuchlichste Kraut zur energetischen Klärung von Räumen ist bekannt für seine reinigende Wirkung. Viele Menschen glauben, dass Salbei antibakterielle Eigenschaften besitzt und der Rauch der brennenden Pflanze buchstäblich die Luft reinigt. Beim Umzug in ein neues Zuhause ist es gängige Praxis, Salbei zu verbrennen, um die Energie des vorherigen Besitzers zu neutralisieren.

Lavendel: Für spirituelle Reinigungszwecke wird Salbei gerne mit Lavendel gemischt, da der Duft von brennendem Lavendel beruhigende und entspannende Schwingungen aussendet. Im antiken Europa glaubten die Menschen, dass sein himmlischer Duft böse Geister abwehrt.

Zeder: Als Räucherwerk verwendet, tragen Zedernzweige dazu bei, Ihren Raum zu schützen. Zedern besitzen eine uralte, männliche Energie, die bei einer Reinigung Ihren Raum erden und die Schwingungen erhöhen wird.

Süßgras: Statt negative Energie zu entfernen, bringt Süßgras – nun, Süße. Süßgras ist in der Regel in Form eines langen Zopfes erhältlich. Sie können es als Räucherwerk auf einem Teller oder in einer Schüssel verbrennen, anstatt es wie einen rauchenden Salbei-Stick herumzutragen und damit zu wedeln. Süßgras ruft die Energie unserer Ahnen herbei und lädt Ihre wichtigsten Geistführer in den zu reinigenden Raum ein.

Woran Sie sich erinnern sollten, wenn es um energetische Reinigung mithilfe von Kräutern wie Salbei geht, ist, dass die Qualität der Pflanze und Ihre Verbindung zu ihr eine große Rolle spielen. Wenn Sie nicht Ihre eigenen Kräuter anbauen können, achten Sie darauf, dass sie auf eine ethische und respektvolle Weise gezüchtet werden. Kräuter zu benutzen, die aus Ihrem Kulturkreis stammen oder in der Gegend vorkommen, in der Sie jetzt leben, wird Sie bei Ihren Reinigungsaktivitäten zusätzlich unterstützen.

REINIGUNGSSPRAY

Zutaten:

1 kleine Sprayflasche (circa 30 ml)
ätherisches Salbeiöl
ätherische Salbei-Essenz (optional)
nach Belieben andere ätherische Öle
Quellwasser
Zaubernuss

Manchmal ist das Verbrennen von Kräutern nicht möglich. Vielleicht wohnen Sie an einem Ort, wo kein offenes Feuer erlaubt ist; oder Sie befürchten, den Rauchmelder auszulösen. Keine Angst! Ein Spray mit ätherischem Salbeiöl herzustellen ist supereinfach und erfüllt seine Aufgabe genauso gut wie brennender Salbei.

Laden Sie eine leere Sprayflasche aus Glas eine Weile auf einer sonnigen Fensterbank energetisch auf.

Geben Sie ein paar Tropfen ätherisches Salbeiöl in die Flasche. Sie können nach Belieben einige Tropfen einer Tinktur aus Salbeiessenz hinzufügen, die es in vielen Naturkostläden zu kaufen gibt.

Wenn Sie möchten, fügen Sie andere ätherische Öle aus aromatherapeutischen Gründen hinzu. Ich persönlich mag Lavendel und Pfefferminze.

Füllen Sie die Flasche zu dreiviertel mit Quellwasser und das letzte Viertel mit Zaubernuss. (Dieses Kraut funktioniert wie ein Konservierungsmittel. Sie können aber ebenso gut Wodka verwenden.)

Besprühen Sie damit Ihren Raum auf die gleiche Weise, wie Sie es mit Rauch tun würden.

REINIGEN MIT MUSIK

Zusätzlich zu Glocken oder Rasseln können Sie auch Ihre Lieblings-
musik spielen, um Ihren Raum von unerwünschter Energie zu reinigen. Versuchen Sie, Ihr Lieblingsstück auf volle Lautstärke zu stellen
und durch den Raum zu tanzen, um festgefahrene, verbrauchte Energien aufzuwirbeln und ihn mit vergnüglichen positiven Schwingungen
zu füllen. Ich wende diese Methode gerne an, wenn ich eine negative
Erfahrung mit Gästen oder Klienten hatte und ihre Energie fühle, die
zurückgeblieben ist, nachdem sie gegangen sind. Musik und Tanz
sind eine gute Möglichkeit, die Energie wieder in Bewegung zu bringen und den Raum erneut mit meiner eigenen Energie zu erfüllen.

OBJEKTE REINIGEN

Sie können darüber hinaus auch einzelne Objekte energetisch reinigen. Stellen Sie sich vor, wie viel Energie ein neues Möbelstück
oder Dekor in Ihr Zuhause bringt. Es wird nicht nur die Energie
des Menschen in sich tragen, der es produziert hat, sondern auch
die Energie von jedem, der das Möbel im Laden berührt oder
überlegt hat, es zu kaufen – ganz zu schweigen von dem Verkäufer.
Oder denken Sie an die Gegenstände, die Sie in Antiquitäten- oder
Secondhand-Läden erwerben.

KÖNNEN SIE SICH ÜBERHAUPT VORSTELLEN, WIE VIELE VERSCHIEDENE ENERGIEN AN IHREM NEUEN, FANTASTISCHEN SECONDHAND-SESSEL KLEBEN?

Sie können ein Objekt auf die gleiche Weise reinigen wie einen Raum,
indem Sie eine beliebige der oben genannten Methoden anwenden.

REINIGEN MIT HEILSTEINEN

Heilsteine sind wundervolle Werkzeuge für die energetische Reinigung. Benutzen Sie dazu Steine in kühlen Farbtönen, wie hellblau und hellgrün, um reine Luft zu schaffen für offene Kommunikation, und benutzen Sie durchsichtige oder weiße Steine, um sich mit Ihrem höchsten Selbst zu verbinden.

Apophyllit
Dieser klare, funkelnde Heilstein ist perfekt geeignet, um Hellsichtigkeit und Intuition zu fördern. Der Apophyllit ist das Licht des Universums in physischer Form. Er ist einer der Steine mit der höchsten Schwingung und wird bei vielen Heilungsanwendungen eingesetzt. Er ist extrem nützlich, wenn es darum geht, den Körper oder die Umgebung von der Energie eines vergangenen emotionalen Traumas zu reinigen. Versehen Sie Ihren Raumspray mit ein paar Tropfen Apophyllit-Elixier und er wird eine Energie verströmen, die alles augenblicklich wachrüttelt.

Kyanit
Ein einzigartiger Heilstein, da er keinerlei negative Energien hält und daher nie gereinigt werden muss. Seine blaue Farbe verbindet ihn mit der Kehle, was für Leichtigkeit und Klarheit in der Kommunikation sorgt. Das nächste Mal, wenn Sie ein schwieriges Gespräch führen, um »reinen Tisch zu machen«, bewahren Sie ein Stück Kyanit in Ihrer Tasche auf oder halten Sie den Stein in Ihrer Hand.

Fluorit
Ein fantastischer Kristall, um Ordnung in Ihr Zuhause zu bringen, denn er hilft Ihnen zu unterscheiden, was in Ihrem Interesse ist und was Ihnen nicht länger dient: zum Beispiel, was Sie behalten und was Sie weggeben sollten. Er reinigt Ihre Aura und hilft Ihnen, sich auf Ihren wahren Weg im Leben zu fokussieren.

Apophyllit

Kyanit

Fluorit

KAPITEL 2: REINIGEN

Natürlich Reinigen

Wenn Sie erst einmal die Dinge, die Ihnen nicht länger dienen, aus-
gemistet und eine energetische Reinigung vorgenommen haben,
ist die Zeit gekommen, Ihr Zuhause tatsächlich zu reinigen beziehungsweise einen großen Hausputz zu machen! Anstatt industriell
hergestellte Reinigungsmittel aus dem Supermarkt zu benutzen,
können Sie sich daran versuchen, Ihre eigenen zu mischen, die besser für die Umwelt sind, frei von Giftstoffen und gut für Mensch
und Haustier.

Wenn Sie Ihre eigenen Reinigungsprodukte herstellen, haben
Sie damit die Möglichkeit, sie mit Ihren persönlichen Intentionen
zu bereichern, sie durch Zugabe von ätherischen Ölen mit einem
Ihnen angenehmen Duft zu versehen und sogar damit zu experimentieren, Heilstein-Elixiere hinzuzugeben – was Ihren Hausputz
einfach »magisch« machen wird!

ALLZWECKREINIGER

Für eine Halbliterflasche Allzweckreiniger brauchen Sie Folgendes:

Zutaten

30 g Olivenölseife

1 Teelöffel Borax(-Ersatz)

30 ml Wodka

destilliertes Wasser

ätherische Öle Ihrer Wahl

Nachdem Sie alle Zutaten zusammenhaben, vermischen Sie sie in einer Schüssel.

Fügen Sie fünf bis zwanzig Tropfen ätherisches Öl hinzu. (Ich persönlich liebe Bergamotte wegen des frischen Zitrusdufts.)

Geben Sie die Mischung in Ihre vorbereitete Flasche, wenn nötig mithilfe eines Trichters, und füllen Sie den Rest mit destilliertem Wasser auf. Falls Sie jetzt noch ein paar Tropfen reinigendes Heilstein-Elixier hinzufügen, wird es Ihren Reinigungszauber umso magischer machen.

FRISCHE LUFT

Unterschätzen Sie nie die Macht von ein wenig frischer Luft. Einfach nur frische Luft durch Ihr Zuhause zirkulieren zu lassen, hat etwas Heilendes. Benutzen Sie Ihre Fenster wie Verbündete:

IHRE FÄHIGKEIT, LICHT UND FRISCHE ENERGIE IN IHR ZUHAUSE ZU BRINGEN, WÄHREND SIE UNERWÜNSCHTER ENERGIE EINE MÖGLICHKEIT GEBEN ZU ENTWEICHEN, MACHT SIE ZU MÄCHTIGEN MAGISCHEN INSTRUMENTEN.

Ich bin sicher, Sie werden ein Gefühl von Leichtigkeit und Befreiung empfinden, wenn Ihr Umfeld physisch und energetisch gereinigt ist. Wenn Sie in ein sauberes, geordnetes Zuhause zurückkehren, werden Sie das Gefühl haben, als sei eine Riesenlast von Ihren Schultern gefallen. Sobald Sie den schweren Teil der Aufgabe erledigt und alles aussortiert haben, was Ihnen nicht länger dient, ist es an der Zeit, Ihr Zuhause vor jeglichen negativen Einflüssen zu schützen, die versuchen könnten, sich wieder einzuschleichen!

KAPITEL 3

SCHUTZ

In europäischen Volkssagen wird der Nordwind als eine mürrische, jedoch hilfreiche Naturgewalt beschrieben, die zum Beispiel einer Prinzessin hilft, ihren Prinzen zu finden; oder einem verarmten Kind die notwendigen Dinge gibt, um seine Familie zu versorgen. Unter dem Ost-, West-, Süd- und Nordwind war der Nordwind immer der stärkste, wildeste und mächtigste.

Als Kind erfuhr ich zum ersten Mal etwas über den Nordwind dank eines kunstvoll verschnörkelten Stuhls neugotischen Stils im Wohnzimmer meiner Eltern. Ein wenig deplatziert in unserer bunten Ansammlung von zeitgenössischen Einrichtungsgegenständen, zeichnete sich das kunstvoll verzierte Mahagoni-Möbel durch Krallen an seinen Beinen und Armlehnen aus, während in die Rückenlehne ein grimmiges Gesicht geschnitzt war. Meine Mutter sagte mir, es sei das Gesicht des Nordwindes.

Im späten neunzehnten Jahrhundert, während der Periode der Neugotik in Architektur und Möbeldesign, fanden deutsche Holzschnitzer ihren Weg in die Werkstätten von Möbeltischlern im Mittleren Westen der USA und brachten ihre Traditionen und Mythen mit. In Anlehnung an die monströsen Gesichter von Wasserspeiern, die von den Giebeln und Nischen gotischer Kirchen auf das mittelalterliche Europa hinunterblickten, versahen sie Stühle mit den Schnitzereien mythischer Wesen, wie dem Grünen Mann, dem Meeresgott Neptun und dem Nordwind. Genau wie die Steinmetzarbeiten, die in Europa jahrhundertelang sakrale Räume bewacht haben, waren die Gesichter dazu bestimmt, das eigene Zuhause vor bösen Geistern zu schützen; im Falle des Nordwindes, indem er sie symbolisch wegbläst.

Meine Mutter fand unseren Nordwind für 20 Dollar in einem Gebrauchtwarenladen in Milwaukee. Als Kind lag ich oft auf dem Boden und starrte – wie mir schien stundenlang – fasziniert auf

das wilde Gesicht. Selbst als meine Mutter Mitte der Neunziger-
jahre das Wohnzimmer komplett neu gestaltete, blieb das dunkle,
eindrucksvolle Gesicht des Nordwindes an seinem Platz.

Als ich wegzog, um aufs College zu gehen, kam meine Mutter
genau in dem Moment vorbei, als wir gerade mit dem Packen des
Möbelwagens fertig waren. »Ich kann dich nicht ohne den Sessel
gehen lassen. Ich möchte, dass jemand über dich wacht, wenn du
so weit weg bist«, sagte sie zu mir. Bis heute hat der Nordwind
einen wichtigen Platz in meinem Haus. Unter meinen klassischen,
modernen und zeitgenössischen Möbeln fällt er auf wie ein bunter
Hund, doch ohne ihn geht's nicht.

Die Idee, sein Heim vor schädlichen Kräften – magischen oder
auch anders gearteten – schützen zu wollen, gibt es seit Jahrtau-
senden. Geboren im Mittleren Westen der USA und von deutscher
Abstammung, fällt mir die Vorstellung leicht, dass der Nordwind
ein Schutzgeist für mein Zuhause ist. Das soll nicht heißen, dass
Sie diese Idee nicht auch übernehmen können. Ich würde Ihnen
allerdings empfehlen, einen Blick auf Ihre eigenen ererbten Traditionen zu werfen, um zu sehen, ob Sie dort einen Widerhall finden.
Noch einmal, SIE sind die Magie hinter jedem Zauber; je mehr
eine Idee Ihnen zusagt, desto wirkungsvoller werden Ihre Intentionen sein.

Die Absicht dieses Kapitels besteht darin, Ihnen zu helfen, ein
energetisches Kraftfeld in Ihrem Zuhause und Umfeld zu erschaffen, um es vor negativer Energie zu schützen.

NEGATIVE ENERGIE KANN SICH
IN NEGATIVEN SCHWINGUNGEN
MANIFESTIEREN, DIE NUR EIN LEICHT
UNANGENEHMES GEFÜHL VERURSACHEN,
ODER SIE KÖNNTEN SICH
IN FORM EINES EINDRINGLINGS ZEIGEN –
MENSCH ODER GEIST.

Natürlich sollte alles, was ich Ihnen hier erzähle, kein Ersatz für sinnvolle, praktische Vorsichtsmaßnahmen sein, wie das Abschließen der Eingangstür oder nötigenfalls das Einbauen eines zusätzlichen Sicherheits- oder Alarmsystems. Doch indem Sie Ihr Zuhause mit positiver Energie anreichern und dann eine Schutzgrenze ziehen, wird sich Ihr Heim für Sie höchstwahrscheinlich noch sicherer und stabiler anfühlen.

ERDUNGSMEDITATION

Eine Erdungsmeditation ist ein wunderbarer Einstieg in die
Arbeit mit dem Außersinnlichen und eine wichtige Übung, um
sich sicher und unterstützt zu fühlen. Diese Meditation ist sehr
einfach durchzuführen, dennoch werden Sie wahrscheinlich
verblüfft sein zu sehen, wie effektiv sie sein kann, wenn es darum
geht, sich in allen Bereichen Ihres Lebens zentriert und
ausgeglichen zu fühlen. Erdung tritt ein, indem wir eine Verbindung zwischen unserem physischen Körper und dem Zentrum
der Erde herstellen.

1

Setzen Sie sich mit geradem Rücken auf einen Stuhl, Ihre Füße
flach auf dem Boden und Ihre Hände auf Ihren Schenkeln
ruhend, den Blick nach unten gerichtet. Schließen Sie Ihre Augen.
Atmen Sie tief und ruhig.

2

Visualisieren Sie einen grünen Kreis aus Licht, der sich an der
Basis Ihrer Wirbelsäule dreht. Nehmen Sie ein paar sanfte, tiefe
Atemzüge, um sich mit ihm zu verbinden.

3

Stellen Sie sich diesen Ball aus Licht vor, wie er in Ihre Beine fällt,
durch den Fußboden bis ganz hinunter in das Zentrum des Planeten. Während er nach unten fällt, stellen Sie sich vor, wie er eine
grüne Schnur hinterlässt, die Sie mit dem Erdkern verbindet.

4

Fühlen Sie die Verbindung zwischen der Basis Ihrer Wirbelsäule und der Erde. Jetzt können Sie beginnen, sich die nährende Energie der Erde vorzustellen, die durch Ihre Erdungsschnur zurück in Ihren Körper fließt und die Verbindung sicherstellt. Wenn Sie möchten, leiten Sie diese Energie bis hinauf in Ihren Solarplexus, von wo aus sie frei durch Ihren ganzen Körper fließen kann.

5

Senden Sie jegliche negativen, ängstlichen oder unerwünschten Energien durch Ihre Erdungsschnur hinunter in das Zentrum des Planeten, wo sie in positive Energie umgewandelt werden kann.

6

Wenn Sie bereit sind, öffnen Sie die Augen, stehen Sie auf und strecken Sie sich.

So einfach und effektiv ist das. Mit ein wenig Übung wird Ihnen das Erden so leichtfallen, dass Sie es mit Leichtigkeit überall praktizieren können, wo Sie gerade sind. Ich habe mich früher jeden Morgen in der U-Bahn auf dem Weg zur Arbeit geerdet, um sicherzugehen, dass ich meine Aufgaben in einer geerdeten, zentrierten Weise erledigen konnte. Ich glaube, uns allen geht es am besten, wenn wir in der Lage sind, uns problemlos mit der Erde zu verbinden.

SICH MIT IHREM RAUM VERBINDEN

Die Erdungsmeditation ist eine eigenständige Übung, die sehr nützlich und wertvoll für Ihr tägliches Leben sein kann, vor allem wenn Sie mit Magie arbeiten. Wenn Sie Ihre Meditationspraxis erweitern und verfeinern wollen, können Sie versuchen, sich mit Ihrem Raum zu verbinden. Nun bedeutet diese Technik nicht, dass Sie einen Raum mit Ihrer Energie an sich reißen. Das wäre jedem gegenüber aufdringlich, der in diesem Raum lebt oder Zeit darin verbringt. Sich mit Ihrem Raum zu verbinden bedeutet, dass Sie Ihre ganz persönliche Frequenz einladen, in diesem Raum Ihr volles Potenzial zu entfalten, ohne mit anderen zu konkurrieren oder sie daran zu hindern, das Gleiche zu tun.

1

Beginnen Sie, indem Sie mithilfe der Erdungsmeditation Ihre Erdungsschnur einsetzen oder sich neu mit ihr verbinden (siehe Seite 110).

2

Lenken Sie Ihre Aufmerksamkeit direkt auf das Zentrum Ihres Kopfs. Visualisieren Sie einen Raum hinter Ihrem dritten Auge. Atmen Sie tief ein, bis die Energie im Zentrum Ihres Kopfs sich ruhig und klar anfühlt. Mit dem Bewusstsein auf das Zentrum Ihres Kopfs gerichtet, müsste es Ihnen möglich sein, mit klarem Geist im gegenwärtigen Moment zu verweilen. Nehmen Sie innerlich eine neutrale Position ein und verurteilen Sie sich nicht selbst für irgendwelche Gedanken und Gefühle, die vielleicht hochkommen. Kehren Sie einfach immer wieder zu dem ruhigen Gefühl im Zentrum Ihres Kopfs zurück.

3

Stellen Sie sich eine schmale grüne Linie vor, die von Ihren Füßen aus entlang des Fußbodens bis in alle vier Ecken des Raumes reicht. Diese Linien repräsentieren Ihre persönliche Frequenz. Sagen Sie innerlich: »Mein Fußboden.«

4

Visualisieren Sie eine schmale goldene Linie, die aus der Mitte Ihres Kopfes kommt und bis in jede Ecke der Zimmerdecke reicht. Sagen Sie innerlich: »Meine Decke.«

5

Sagen Sie innerlich: »Mein Raum.«

6

Schicken Sie jedwede negativen, angstvollen oder unerwünschten Energien durch Ihre Erdungsschnur hinunter in das Zentrum der Erde, wo sie in positive Energie verwandelt werden kann. Wenn Sie bereit sind, öffnen Sie die Augen, stehen auf und dehnen sich.

Das Erden und sich Verbinden mit einem Raum kann Ihre Beziehung mit der Welt um Sie herum transformieren. Stellen Sie sich vor, diese Fähigkeiten zu benutzen, um sich nicht nur zu Hause, sondern auch draußen in der Welt sicher zu fühlen. Diese Techniken können in vielen Situationen, die Sie verunsichern oder nervös machen, ungeheuer hilfreich sein – denken Sie an ein Vorstellungsgespräch, vor Publikum eine Rede zu halten oder einfach Ihre Komfortzone zu verlassen.

EINEN RAUM BEANSPRUCHEN

Eine der einfachsten und wirksamsten Methoden, Ihr Heim vor unsichtbaren Kräften (Geister, Spirits oder wie immer Sie sie nennen wollen) und negativer Energie zu schützen, besteht darin, einfach Ihren Raum bewusst für sich zu beanspruchen – indem Sie mit lauter Stimme erklären, dass dieser Raum Ihr Raum ist und nichts und niemand ohne Ihre Erlaubnis hereinkommen kann. Diese Methode eignet sich nicht nur dann, wenn Sie die Energie eines Raums reinigen, sondern auch in Momenten, in denen Sie das Gefühl haben, irgendetwas dringt in Ihren Raum ein. Es gibt verschiedene Möglichkeiten, wie Sie damit umgehen können.

Der freundliche Hausgast: Sie fühlen, dass sich eine übernatürliche Präsenz in Ihrem Raum aufhält, doch es macht Ihnen nichts aus. Denken Sie an das nette Gespenst aus der Fantasykomödie »Casper«. In diesem Fall würde ich folgendes Mantra vorschlagen: »Dieser Raum gehört mir und ich habe hier das Sagen. Ich akzeptiere und respektiere deine Präsenz hier. Du bist willkommen, solange du diesem Raum oder allen, die sich hier aufhalten, keinen Schaden zufügst.« Drücken Sie sich klar aus. Sie können Grenzen setzen und Casper die Hausregeln mitteilen. Zum Beispiel erlauben Sie ihm freien Zugang zu einem Teil des Raumes, doch verbieten Sie ihm, den Rest zu betreten. Oder Sie sagen ihm, er möge Ihre Kinder und Haustiere in Ruhe lassen. Sie sollten dabei liebenswürdig aber bestimmt vorgehen. Wiederholen Sie Ihr Mantra in jedem Teil des Hauses.

Der unerwünschte Eindringling: Sie spüren, dass eine übernatürliche Präsenz anwesend ist, und das gefällt Ihnen nicht. Denken Sie an »Ghostbusters«. In diesem Fall würde ich sagen: »Dieser Raum gehört mir und ich habe hier das Sagen. Ich honoriere und respektiere deine Anwesenheit, aber du bist nicht länger willkommen.« Bekräftigen Sie das Ganze mit einigen der Hilfsmittel, die ich in diesem Kapitel vorstellen werde (siehe Seiten 117 bis 128).

Eindringlinge vor die Türe weisen: Als Ultimatum für Geister, die sich schlecht benehmen, versuchen Sie, ihnen einen anderen Ort zu zeigen, wo sie hingehen können. Beginnen Sie, indem Sie etwas Persönliches aus Ihrem Umfeld wählen (das zur Verfügung zu stellen Ihnen nichts ausmacht) und platzieren Sie es draußen vor dem Haus. Ein Gefäß wie zum Beispiel ein alter Kaffeebecher oder ein Blumentopf würden sich perfekt eignen. Bitten Sie den Eindringling zu gehen und bieten Sie ihm einen Fluchtplan an. Dann könnten Sie zum Beispiel sagen: »Dieser Raum gehört mir und ich habe hier das Sagen. Ich honoriere und respektiere die Zeit, die du hier verbracht hast, doch diese Zeit ist jetzt vorbei, und ich muss dich auffordern zu gehen. Bitte benutze das Wohnzimmerfenster und finde die Stelle, die ich vor meinem Haus für dich bereitet habe. Gehe in Frieden.«

Entscheidend ist, dass Sie sich autorisiert und gerechtfertigt fühlen, Ihren Raum zu beanspruchen. Ich würde vorschlagen, dass Sie vor und nach dieser Übung eine Erdungsmeditation vornehmen, damit Sie sich total ausgeglichen und zentriert fühlen.

MIT PALO-SANTO-HOLZ
ARBEITEN

Palo Santo ist Teil der südamerikanischen indigenen Traditionen und bedeutet so viel wie »heiliges Holz«. Es stammt vom *Bursera graveolens*-Baum und wurde von den Inka benutzt, um negative Energie aus der Aura eines Menschen zu entfernen und durch positive Energie zu ersetzen. Der Geruch des Holzes, an Fenchel oder Lakritz erinnernd, reflektiert die Süße, die diese Kräuter der gereinigten Aura hinzufügen. Palo Santo kommt der reinigenden Kraft von Salbei gleich, indem es positive Schwingungen in den Bereich bringt, der soeben gereinigt worden ist. Palo Santo gibt es in Form von Stäbchen, die in der Regel nur ein paar Zentimeter lang sind. Sie eignen sich gut als eine Art Schreibinstrument, mit dem Sie überall im Raum Worte oder schützende Formeln aus Rauch in die Luft des Raums »schreiben« können.

DIE SCHÜTZENDE KRAFT VON SALZ

Salz kann ein wirkungsvolles Werkzeug sein, um eine sichere Grenze um Ihr Zuhause zu ziehen. Ich arbeite gerne mit Meersalz, doch Tafelsalz funktioniert genauso gut. Wenn Sie mit Salz arbeiten, sollten Sie es zunächst mit Ihren Absichten aufladen. Zu diesem Zweck füllen Sie einfach eine Schüssel oder ein anderes Gefäß, das Sie besonders gerne mögen, mit Salz und visualisieren ein weißes positives Licht, das von oben herunterstrahlt. (Gleichzeitig können Sie Ihre Heilsteine in dem Salz aufladen.)

Mithilfe von Mörser und Stößel können Sie grobes Salz zu einem feinen Pulver zerstoßen, sofern Sie es drinnen verwenden wollen; doch generell benutze ich persönlich das Salz, um eine Grenze um das Äußere eines Zuhauses zu ziehen. In jedem Fall nehmen Sie einfach Ihr aufgeladenes Salz und ziehen Sie damit einen Kreis in dem Raum und um die Außenseite Ihres Heims. Wenn Sie in einem Apartment wohnen, sollten Sie versuchen, den Kreis um das ganze Gebäude zu ziehen, doch Sie können auch einfach nur ein wenig Salz vor dem Eingang des Hauses und Ihrer Wohnung streuen.

Schwarzes Salz erhält seine Farbe durch die Mischung mit Holzkohle. Sie können es bereits gemischt kaufen oder selbst herstellen, indem Sie in einem Mörser etwas Holzkohle in Lebensmittelqualität mit Salz vermengen. Schwarzes Salz eignet sich besonders gut für die Anwendung im Inneren des Hauses oder der Wohnung, weil Sie es hinterher immer auffegen sollten und aufgrund seiner Farbe gut erkennen können: Streuen Sie das schwarze Salz um den Raum herum und fegen Sie es dann in Richtung Eingangstür hinaus, um jegliche blockierte negative Energie zu beseitigen; oder benutzen Sie es, nachdem eine Person mit negativer Energie den Raum verlassen hat.

HEILSTEINE ZUM SCHUTZ

Die Heilsteine, die ich besonders gerne benutze, um sowohl um mich als auch um mein Zuhause herum eine schützende Grenze zu ziehen, sind schwarzer Turmalin, Obsidian und Selenit. Die beiden Erstgenannten sind gut geeignet, um sich mit dem Erdzentrum zu verbinden sowie ein Gefühl von Sicherheit und Geborgenheit zu vermitteln, während sie gleichzeitig Ihre Aura schützen. Der Amethyst verbindet Sie mit Ihrem höchsten Selbst und hilft Ihnen, sich mit Ihrem Raum zu verbinden. Hier erfahren Sie ein wenig mehr über diese Heilsteine:

Schwarzer Turmalin
Ein mächtiger Heiler und Beschützer. In erster Linie benutzt, um übernatürliche Angriffe und störende Denkmuster abzuwehren, erdet er negative Energie und neutralisiert sie. (Aus diesem Grund wird auch gesagt, dass der Heilstein gegen schädliche elektromagnetische Wellen schützt, die von modernen elektronischen Geräten wie zum Beispiel Mobiltelefonen und Computern ausgestrahlt werden.) Ich habe stets ein Stück schwarzen Turmalin in meiner Tasche, wenn ich mich einer Situation stelle, die mich ängstlich oder nervös macht.

Obsidian
Obsidian, auch bekannt als Vulkanglas, besteht aus geschmolzener Lava, die sehr schnell abgekühlt ist. Von Natur aus eignet er sich ausgezeichnet als Schutzschild gegen Negativität. Wie ein Schwamm saugt er schlechte Schwingungen auf und sollte daher häufig gereinigt werden. Eine besonders eindrucksvolle Zeremonie, um eine schützende Absicht zu setzen, besteht darin, Ihren Obsidian unter laufendem Wasser zu reinigen und sich vorzustellen, dass all die negative Energie in den Abfluss und aus Ihrem Umfeld geleitet wird. Obsidian ist ein ausgezeichneter Wahr-Sager und kann Ihnen daher helfen herauszufinden, was der Grund für die negative Energie in Ihrem Zuhause ist.

Amethyst

Mystiker im Mittelalter haben den Amethyst benutzt, um die verschiedensten Dinge zu behandeln, von Schlangenbissen bis zu Akne. Dieser lila funkelnde Stein ist weithin bekannt und problemlos in vielen verschiedenen Formen erhältlich. Er wird dafür geschätzt, emotionalen und spirituellen Schutz zu bieten. Der Amethyst kann Denkmuster auflösen, die zu Angst oder Suchtverhalten führen, und Ihnen helfen, Zugang zu Ihrem höheren Bewusstsein zu finden. Seine hohe Schwingung blockiert negative, kraftraubende Energien und fördert die seelische Gelassenheit. Einen Amethyst auf Ihren Nachttisch oder unter Ihr Kopfkissen zu legen, wird Sie vor Alpträumen schützen.

Schwarzer Turmalin   *Obsidian*

Amethyst

»SCHLECHTE SCHWINGUNGEN FLIEGEN RAUS UND BLEIBEN DRAUSSEN«-ZAUBERELIXIER FÜR FENSTER UND TÜREN

Zutaten

13 Tropfen Obsidian-Elixier

13 Tropfen Schwarzer-Turmalin-Elixier

13 Tropfen Selenit-Elixier

13 Tropfen ätherisches Öl (zum Beispiel Lavendel- oder Zedernholz)

Zaubernuss

Am besten ist es, dieses Zauberelixier bei Vollmond oder kurz davor zu brauen, damit Sie es mit dem Licht des Mondes aufladen können.

Geben Sie alle Heilstein-Elixiere und das ätherische Öl in eine kleine Glasflasche. Füllen Sie den Rest mit Zaubernuss auf. (Zaubernuss dient als Konservierungsmittel. Sie können auch Wodka nehmen.) Schütteln Sie die Flasche.

Stellen Sie die Flasche mindestens eine Stunde lang ins Licht des Vollmondes.

Achten Sie auf Ihren Körper und Ihr Umfeld. Fühlen Sie sich geerdet und unterstützt? Wenn nicht, machen Sie eine Erdungsmeditation (siehe Seite 110) und verbinden Sie sich mit Ihrem Raum.

Sobald Sie fühlen, dass Sie den Raum mit Ihrer Energie erfüllen, nehmen Sie einen Wattebausch oder ein sauberes Tuch, um das Zauberelixier auf sämtliche Fenster- und Türrahmen aufzutragen.

Visualisieren Sie, wie sich ein starkes schützendes Siegel bildet. Fühlen Sie sich frei, jegliche persönlichen Schutzengel oder schützenden Verbündete anzurufen. (Ich selbst wende mich dafür an Erzengel Michael und die Tiergeister von Panther und Rabe.)

Bitten Sie diese Wesenheiten, eine sichere Grenze zu ziehen und vor Ihrem Haus Wache zu halten.

KRÄUTERSÄCKCHEN

Meine liebe Freundin Lauren Hall ist eine Hexe mit vielen Talenten, unter anderem im Bereich der Reiki-Energiearbeit und des Tarot-Kartenlegens; zudem ist sie eine versierte Kräuterkennerin. Sie benutzt diese Talente, um mit ihrem Unternehmen *Spirits and Sawdust* Menschen zu helfen, ihre Räumlichkeiten von unerwünschten Energien übernatürlicher oder anderer Natur zu reinigen. Ihr Fokus liegt auf der praktischen Arbeit mit Magie, um mit Geistern in Verbindung zu treten. Hier sagt sie uns – in ihren eigenen Worten – wie man ein Kräutersäckchen für den Schutz des eigenen Heims anfertigen kann:

Pflanzenbasierte Magie ist von Natur aus schützend. Ob wir Weihrauch in einer Feuerschale verbrennen, Rosmarin neben unserem Gartentor pflanzen oder Erbstücke in einer Truhe aus Zedernholz aufbewahren – intuitiv greifen wir zu Kräutern und Pflanzen, wenn es darum geht, einen Raum zu schützen.

Bei jeder spirituellen Reinigung eines Raumes, die ich vornehme, bringe ich Dutzende von Kräutern mit und stelle in der Regel ein Kräutersäckchen zusammen, um es nach getaner Arbeit dem Haus- oder Ladenbesitzer dazulassen. Kräuterbündel und Kräutersäckchen sind faszinierend vielseitig einsetzbar; sie dienen als Talismane, Zauber, Schutzschilde und erinnern uns jedes Mal, wenn wir sie berühren, an unsere eigene Kraft.

KRÄUTERSÄCKCHEN ALS SCHUTZ

Zutaten

Schützende Kräuter, die auf Ihren Zweck abgestimmt sind (wählen Sie das Passende aus der nachfolgenden Liste aus oder lassen Sie sich geistig zu Ihrem eigenen Kraut führen)

Mörser und Stößel, um Ihre Zaubermischung herzustellen

Ätherische Öle, um Ihr Säckchen mit zusätzlicher Kräuterkraft (und köstlichem Duft) zu bereichern

Ein Stückchen Stoff, das für Ihre besondere Intention steht (Schwarz und Weiß zum Beispiel sind starke Farben für Schutz; Gelb fördert Mut und Selbstvertrauen; und Blau schenkt Ruhe und Frieden)

Einen kleinen Gegenstand, zum Beispiel einen Heilstein, eine Münze oder ein Erinnerungsstück, das mit Ihrer Absicht verbunden ist

Faden oder Band, um Ihr Säckchen zu schnüren

Kräuter-Verbündete, die Schutz bieten:

Zeder: Alle Bäume haben eine beschützende Wirkung, doch bei der Zeder ist sie besonders stark. Nicht nur hält sie Ihre Erbstücke frei von Motten, sondern sie hindert alle Arten von unwillkommener Energie daran, in Ihren Raum einzudringen.

Lavendel: Weithin bekannt für seine friedvollen Kräfte, ist Lavendel darüber hinaus ein schützender Verbündeter, der eine tiefe Quelle der Ruhe bietet und klare Grenzen zieht.

Beifuß: Stellen Sie sich eine wild entschlossene Großmutter vor, die ihre Sippe durch die Macht ihrer Ahnen beschützt. Das ist Beifuß.

Salbei: Als eines der beliebtesten Zauberkräuter leistet Salbei doppelte Arbeit, indem er Ihr Heim gleichzeitig reinigt und schützt.

Johanniskraut: Ich empfehle Johanniskraut häufig Menschen, die sich auf der Suche nach paranormalen Phänomenen in ein Umfeld begeben, das sich besonders unfreundlich anfühlt; es ist, als würde man eine Taschenlampe an einen dunklen Ort mitnehmen.

Und so stellen Sie Ihr Kräutersäckchen zusammen:
Bringen Sie das ganze Zubehör an einen Ort, wo Sie in Ruhe arbeiten können. (Ein Tisch oder eine Theke wären hilfreich.) Nehmen Sie Kontakt zu jedem einzelnen Kraut auf und würdigen Sie seine einzigartige, schützende Energie. Wenn Sie sich bereit fühlen, geben Sie ein Kraut nach dem anderen in Ihren Mörser. Ich fange in der Regel mit jeweils einer kleinen Prise an, doch vielleicht möchten Sie von einem Kraut mehr und von einem anderen weniger hinzufügen.

Als Nächstes geben Sie Ihre ätherischen Öle dazu, wobei Sie mithilfe Ihrer Intuition die Dosierung bestimmen. Dann nehmen Sie den Stößel und zerreiben Ihre Zaubermischung – im Uhrzeigersinn, falls Sie eine spezifische Intention oder Energie einladen, oder gegen den Uhrzeigersinn, wenn Sie etwas verbannen oder reinigen.

Wenn alle Zutaten gut vermischt sind, schütten Sie das Ganze in die Mitte des bereitgelegten Stoffes und fügen beliebig kleine Objekte hinzu, die Sie dazugeben möchten. Nehmen Sie das Tuch an seinen vier Ecken, drehen Sie es zu einem festen Bündel und binden Sie es mit einem Zwirn oder Band zu.

Ihr Kräutersäckchen kann jetzt benutzt werden! Befestigen Sie es über einer Tür, legen Sie es unter Ihr Bett oder an irgendeine andere Stelle in Ihrem Haus, die besonders dazu einlädt. Sobald seine Arbeit getan ist (was von ein paar Tagen bis zu einem Jahr oder länger dauern kann), entknoten Sie das Säckchen und geben die Kräuter in Dankbarkeit der Erde zurück.

Mittlerweile dürften Sie sich in Ihrem Zuhause sicher und
unbeschwert fühlen, was Ihnen helfen wird,
sich zu entspannen und Ihr Heim zu genießen.
Als Nächstes werden wir uns einige Möglichkeiten anschauen,
wie Sie dieses Gefühl von Behaglichkeit maximieren
und Ihr Zuhause in einen rundum behaglichen Rückzugsort
verwandeln können.

KAPITEL 4

BEHAGLICHKEIT

Vor Kurzem sah ich mich genötigt, über Behaglichkeit zu meditieren und den Zweck, den sie erfüllt. Zwei Tage vor Weihnachten zwang eine Rückenverletzung mich, meine jährliche Pilgerfahrt »nach Hause« abzusagen, um mit meiner Großmutter die Feiertage zu verbringen. Nachdem ich von dem Ort meiner Kindheit weggezogen war, verstand ich unter Heimat sowohl den Ort, an dem ich aktuell wohnte, als auch jenen Ort, an dem meine Familie lebte, wo meine Vorfahren geboren und aufgewachsen waren, den Ort, wo ich herkam. Ich hatte vorher noch nie Weihnachten ohne meine Großmutter verbracht, und hier lag ich nun mit Schmerzen und alleine.

Unbewusst fing ich an, meine Tage so einzurichten, dass ich mich behaglich, warm und so wohl fühlte wie möglich. Kuschelige Decken, Duftkerzen, becherweise warme Getränke. Ein wenig klischeehaft das Ganze, doch es sorgte dafür, dass ich über die spirituelle Funktion der Behaglichkeit im persönlichen Umfeld nachzudenken begann.

WAS BEDEUTET ES WIRKLICH,
SICH »ZU HAUSE« ZU FÜHLEN?
WIE KULTIVIEREN WIR DIESES GEFÜHL?
WIE HILFT ES UNS IN UNSEREM
TÄGLICHEN LEBEN?

Das Einzige, was ich kontrollieren konnte, waren meine unmittelbare Umgebung und mein Bewusstseinszustand. Dies brachte mich zu der Erkenntnis, dass der Zauber der Behaglichkeit nicht nur aus Decken und einem Becher heißen Tee besteht (auch wenn Teetrinken unter einer kuscheligen Decke ein ziemlich guter Anfang ist), sondern dass es darum geht, ein Umfeld zu schaffen, in dem man total präsent ist und alle sechs Sinne benutzt – Schmecken, Fühlen, Hören, Sehen, Riechen und Intuition – damit das eigene Heim ein Gefühl von Wärme und Zufriedenheit verkörpert, mit einer Prise Nostalgie als Zugabe. Wie ein Geruch, bei dem Sie den Kopf in den Nacken legen und sich fragen: »Wieso ist mir dieser Duft so vertraut?« Behaglichkeit ist Magie für die Sinne.

Ich glaube, dass es viele magische und praktische Möglichkeiten gibt, Ihr Zuhause zu einem gemütlicheren Ort zu machen, der besonders einladend ist. Ich verrate Ihnen gerne, welchen Dingen ich mich zuwende, wenn ich mich behaglicher und geborgener fühlen möchte. Doch ermutige ich Sie, tiefer einzutauchen, um herauszufinden, was Behaglichkeit für Sie persönlich bedeutet. Vielleicht verstehen Sie darunter die Atmosphäre in Ihrem Zuhause, als Sie noch ein Kind waren; oder vielleicht werden Sie dabei dem Gefühl nachhängen, wie es war, als Sie sich an einem kühlen Herbsttag ein bestimmtes Album angehört haben, und wie die Luft draußen gerochen hat.

Schmecken

Am Heiligabend stellte ich fest, dass eine Pfanne Wisconsin-Käsekartoffeln zu braten, wie meine Großmutter sie immer macht, eine magische Wirkung hatte. Ich setzte mich, in eine warme Decke gewickelt, an den Tisch, verputzte die köstlichen Bratkartoffeln, beschienen vom Licht meines künstlichen Kamins, und wusste, dass alles in Ordnung war. Indem ich es mir physisch so behaglich wie möglich gemacht hatte, fiel es mir leicht, total präsent zu sein, alles zu fühlen, meine Emotionen zu verarbeiten und alles gut sein zu lassen. Ich empfand mich nicht länger als Opfer der Umstände, sondern war zutiefst dankbar für dieses überraschende Geschenk einiger erholsamer, reisefreier Feiertage, die ich gemütlich in meinem eigenen Zuhause verbringen konnte.

Kochen ist für mich eine äußerst nährende und meditative Erfahrung. Vor ein paar Jahren war ich wegen einer beruflichen Fortbildung mehrere Wochen nicht zu Hause. Jeden Abend in Restaurants essen zu müssen verstärkte mein Heimweh mehr als alles andere. Ich hätte mir nie gedacht, wie sehr ich es vermissen würde, einfach Knoblauch zu hacken und in der Pfanne anzubraten. Kochen mag nicht für jedermann ein Vergnügen sein, doch die Küche ist das Herz des Hauses, und sich in ihr zu schaffen zu machen, kann Ihnen tatsächlich helfen, dieses Gefühl von Behaglichkeit zu erleben. Aller Wahrscheinlichkeit nach haben Sie Rezepte zu Hause, die Ihre Familie wie Erbstücke von einer Generation an die andere weitergegeben hat, und diese Rezepte selbst nachzukochen könnte Sie in der gleichen Weise zufrieden machen wie mich die Käsebratkartoffeln meiner Großmutter, die damals meinen Weihnachtsabend retteten.

WURZELGEMÜSE-EINTOPF ZUR HERBST-TAG-UND-NACHT-GLEICHE

Zutaten

1,5 l Hühner- oder Gemüsebrühe

*1 mittelgroße Süßkartoffel
(geschält und gewürfelt)*

*1 mittelgroße Herbstrübe
(geschält und gewürfelt)*

*1 mittelgroße Pastinake
(geschält und gewürfelt)*

2 Karotten (in Scheiben geschnitten)

*1 kleine gelbe Zwiebel
(in Scheiben geschnitten)*

1 Esslöffel frischer Thymian

1 Teelöffel Salz

frisch gemahlener Pfeffer nach Wunsch

*300 g gekochter Truthahn
(alternativ Cannellini-Bohnen oder einen
Fleischersatz hinzugeben)*

gehackte Petersilie zum Drüberstreuen

Dieser köstliche Eintopf ist perfekt geeignet, um sich allmählich auf die kalten Monate einzustellen. Herzhaft, ohne schwer zu sein, eignet sich die farbenfrohe Variation von Wurzelgemüsen und frischem Thymian perfekt, um ein paar ausgesprochen herbstliche Schwingungen zu schaffen. Zudem wird Thymian seit Jahrhunderten angewandt, um jenen Mut und innere Stärke zu verleihen, die ihn zu sich nehmen. Sein würziger Duft kann helfen, Melancholie und Verzweiflung aus Ihrem Zuhause zu vertreiben.

Nehmen Sie einen großen Koch- oder Suppentopf und geben Sie alle Ihre Zutaten hinein, außer den Truthahn und die Petersilie. Bringen Sie das Ganze zum Kochen.

Geben Sie einen Deckel auf Ihren Eintopf, reduzieren Sie die Hitze auf mittel bis niedrig und lassen Sie ihn fünfzehn bis zwanzig Minuten köcheln.

Dann fügen Sie das Truthahnfleisch (oder den Ersatz) hinzu und lassen es ohne Deckel weitere zehn bis fünfzehn Minuten köcheln.

Wenn der Eintopf fertig ist, füllen Sie ihn in große Schüsseln und streuen etwas Petersilie darüber.

VOLLMOND-SCHOKOLADE-ZUCCHINIKUCHEN

Zutaten

100 g weißer Zucker

65 g brauner Zucker

100 g Butter

2 Esslöffel Speiseöl

½ Teelöffel Vanilleextrakt

2 Eier

200 g Mehl

15 g ungesüßtes Kakaopulver, mit Vollmondenergie aufgeladen

½ Teelöffel Backpulver

¼ Teelöffel Zimtpulver

60 ml (3 Esslöffel) Buttermilch (oder mischen Sie ¼ Teelöffel Zitronensaft oder Essig mit Milch und lassen Sie die Mischung 5 Minuten ruhen, bevor Sie sie verwenden)

150 g geriebene Zucchini

75 g (oder mehr) Schokostückchen

runde Kuchenform (eingefettet) mit einem Durchmesser von 25 cm

Mondphasen-Schablone

Puderzucker (zum Bestäuben)

Meine Mutter machte diesen Schokoladenkuchen, um uns auszutricksen, damit wir ein wenig Gemüse aßen. Die Zucchini machen den Kuchen supersaftig, ohne den köstlich schokoladigen Genuss zu übertönen. Kakao ist eine reiche Quelle an Antioxidanzien, die unter anderem gut für die Haut sind; zudem wird behauptet, dass Kakao Stress reduziert (oh ja bitte!). Auf magische Weise wird er Ihnen außerdem helfen, sich mit Ihrem Herzen zu verbinden, um so eine tiefgehende Heilung zu ermöglichen. Für einen zusätzlichen lunaren Kick laden Sie das Kakaopulver vor der Verwendung eine halbe Stunde unter dem Licht des Vollmonds auf. Das ist ganz einfach: Füllen Sie die empfohlene Menge Kakao in eine schöne Schüssel, einen Becher oder auf einen Teller und lassen Sie ihn im Mondlicht auf der Fensterbank stehen.

Heizen Sie Ihren Backofen auf 160 °C vor.

In einer großen Schüssel mischen Sie den weißen und braunen Zucker, Butter, Öl, Vanilleextrakt und Eier. Alles kräftig verrühren. Als Nächstes fügen Sie Mehl, Kakao, Backpulver, Zimt und Buttermilch hinzu und mischen alles gut im Elektromixer.

Nun fügen Sie die geriebenen Zucchini und die Schokostückchen hinzu und mischen alles gut mit der Hand. Verteilen Sie die Mischung in der gefetteten Form und backen Sie sie im vorgeheizten Ofen für 30 bis 40 Minuten, oder bis ein Zahnstocher, den Sie in den Kuchen stecken, ohne eine Spur von Teig wieder herauskommt.

Um die Schablone herzustellen, zeichnen Sie die entsprechenden Formen (siehe Foto links) auf Backpapier und schneiden Sie sie vorsichtig mit der Schere oder einem Cutter aus. Legen Sie das Papier auf den abgekühlten Kuchen und streuen Sie Puderzucker darüber.

Fühlen

Bei dem Wort »kuschelig« denke ich an Pullover und Flanelldecken, die in den Herbst- und Wintermonaten hervorgeholt werden, doch ist »weich« nur eine Textur, die den Gedanken an Behaglichkeit wachruft. Um ein Gefühl von Wärme und Wohligkeit zu vermitteln, empfehle ich Ihnen, viele verschiedene Gewebearten zu benutzen. Das wird helfen, Ihr Zuhause gemütlicher, dynamischer und letzten Endes rundum behaglich zu machen.

Glas, Keramik und Spiegel sind glatte Materialien, die eine ruhige, entspannende Energie verbreiten. Fenster, Spiegel und Glasobjekte haben darüber hinaus den zusätzlichen praktischen Vorteil, dass sie das Licht streuen und somit mehr natürliches Licht auch in dunkle Räume bringen. Ein schönes Glas- oder Keramikgefäß mit Wasser und Blumen bietet mit seinen kurvigen Formen einen visuellen Anreiz, während das mit Wasser gefüllte Gefäß emotionale Kontrolle symbolisiert.

Dekor und Einrichtungsgegenstände aus natürlichen Materialien, mit denen man Bäume, Pflanzen und Wachstum verbindet – wie zum Beispiel Parkettböden, Mobiliar und Schränke aus Holz, Decken oder Vorhänge aus Baumwolle sowie Teppiche aus Naturfasern –, fördern die Verbundenheit mit der Erde. Diese Objekte bieten nicht nur eine natürliche Struktur, die sich wunderbar anfühlt, sondern auch die Gelegenheit, Design-Elemente wie Holzmaserungen, gemusterte Stoffe und Strickmuster in den Wohnraum zu integrieren.

Und schließlich sind Objekte, die physische Wärme bieten, wichtig, um Behaglichkeit in einen Raum zu zaubern. Sowohl buchstäblich als auch im übertragenen Sinn ist Wärme praktisch gleichbedeutend mit Gemütlichkeit. Ein knisternder Kamin ist das ideale Beispiel für ein greifbares wärmendes Element, doch Kerzen eignen sich genauso gut. Ich habe einen Heizkörper, der aussieht wie ein loderndes Kaminfeuer, und er erfüllt seine Funktion bestens!

LIVE *by the* SUN

LOVE *by the* MOON

Riechen

Eine der beliebtesten Möglichkeiten, in Ihrem Zuhause eine wohlige Atmosphäre zu schaffen, die Sie stärkt, besteht darin, Düfte zu benutzen, um eine bestimmte Emotion oder ein Gefühl von Nostalgie einzufangen. Untersuchungen haben gezeigt, dass nostalgische Gefühle tatsächlich dafür sorgen, dass man sich körperlich wohlig-warm und gestärkt fühlt. Der Grund dafür ist, dass Düfte die Fähigkeit besitzen, unser kollektives Bewusstsein anzuzapfen und positive Erlebnisse wachzurufen, die mit Familie, Natur, dem Wandel der Jahreszeiten und schönen Erlebnissen zu tun haben. (Einer meiner Helden, Dr. Carl Gustav Jung, hat sich eingehend mit dem Konzept des »kollektiven Unbewussten« beschäftigt, basierend auf der Idee, dass es ein Feld universaler Ideen und Archetypen gibt, zu dem wir alle Zugang haben.)

Duft kann bei der Arbeit mit Zaubern aufgrund seiner Fähigkeit, Sie in eine andere Zeit und an einen anderen Ort zu versetzen, eine sehr wichtige Rolle spielen. Ihre Augen zu schließen und einen Duft einzuatmen, der starke Assoziationen bei Ihnen weckt, kann eine Art alternative Wirklichkeit erschaffen, die Sie aus der alltäglichen Welt löst und auf eine spirituellere Ebene hebt. Ich füge meinen Zaubern stets ein aromatherapeutisches Element hinzu, und aus diesem Grund ziehe ich es vor, Duftkerzen (im Gegensatz zu gefärbten oder geformten Kerzen) und Räucherwerk zu verwenden, um meine Absichten klar zu formulieren.

So wie das Verbrennen von Salbei und anderen Kräutern sich auf die energetische Schwingung eines Raumes auswirkt, gilt das Gleiche auch für Räucherstäbchen. Mein liebstes Räucherwerk, um Wärme und Fülle einzuladen, ist Zimt, ein Gewürz mit einer hohen Schwingung, die den Energiefluss verbessert. Darüber hinaus steht Zimt mit Fülle in Verbindung, und was ist hilfreicher und stärkender als ein Gefühl der Fülle? Nag Champa ist ein weiteres Räucherwerk mit einem sehr speziellen, angenehmen Duft, das aus den verschiedensten Gründen angezündet wird und bei vielen Menschen nostalgische Erinnerungen auslöst. Doch mein liebster nostalgischer Duft ist der von brennendem Holz im Herbst und Winter. Um diesen Duft nachzuahmen, benutze ich hochqualitative, handgerollte Copal- und Harz-Räucherstäbchen.

Kerzen und Räucherstäbchen sind nicht die einzige Möglichkeit, angenehme Düfte ins Haus zu bringen. Mithilfe einiger ätherischer Öle können Sie eine wirksame Mischung zubereiten, um Ihr Zuhause mit einem angenehmen Duft zu erfüllen. Probieren Sie es mit Düften aus, die Ihnen besonders gut gefallen. Jeder reagiert anders auf Düfte, doch die meisten Menschen verbinden warme, holzige oder an Essen erinnernde Düfte mit einem Gefühl von Geborgenheit. Sehr gut eignen sich Kiefer, Tanne, Gewürznelke, Kassie, Vanille und Orange, um Behaglichkeit und Vertrautheit hervorzurufen.

ZAUBERELIXIER FÜR EIN WOHLIG-WARMES ZUHAUSE

Zutaten

15 Tropfen ätherisches Orangenöl

15 Tropfen ätherisches Kassienöl

15 Tropfen ätherisches Zedernöl

Für eine schnelle sinnliche Reise geben Sie einfach die angegebene Mischung ätherischer Öle in eine Keramikschüssel oder einen Becher. Dann fügen Sie kochendes Wasser hinzu, und im Nu schweben Sie auf Wolke sieben. Der Dampf wird den Duft durch Ihr ganzes Zuhause tragen.

Verliebt in diesen Duft? Dann erstellen Sie aus dieser Mischung ein Raumspray, indem Sie das Öl in eine 60-ml-Sprayflasche geben und den Rest zu gleichen Teilen mit Wasser und Zaubernuss auffüllen. (Zaubernuss fungiert als Konservierungsmittel. Wodka eignet sich ebenso gut.) Für einen Extra-Kick fertigen Sie ein Zitrin-Elixier an und fügen Ihrem Raumspray einige Tropfen davon hinzu (siehe »Wie man ein Heilstein-Elixier zubereitet« auf Seite 42).

Hören

Es gibt mehrere Möglichkeiten, um mithilfe von Klängen eine bestimmte Stimmung zu erzeugen. Heilung durch Klang funktioniert über Schwingungen, so wie es auch bei Heilsteinen der Fall ist. Sie können einen Raum mit einer bestimmten heilsamen Schwingung erfüllen (siehe Seite 94), indem Sie ihn mit einer von Ihnen gewählten Methode reinigen (Räucherwerk, Glocken, Klingeln, Händeklatschen und so weiter) und dann beruhigende Musik spielen, um den Raum mit einer neuen Energie zu erfüllen. Eine Freundin von mir benutzt zum Beispiel Mozart, um die Kreativität zu fördern.

Um Ihrem Raum eine meditative Schwingung zu verleihen, versuchen Sie es mit New-Age-Musik oder der Frequenz von weißem Rauschen, um sich zu fokussieren. (Wenn ich schreibe, lausche ich auf YouTube stereophonen Beats, die Theta-Wellen im Gehirn auslösen, was mir hilft, mich zu konzentrieren. Diese spezifische Frequenz hat den Vorteil, dass sie den überaktiven Teil meines Gehirns ablenkt und dafür sorgt, dass ich besser arbeiten kann.)

Totale Stille ist schwer zu finden oder herzustellen, doch Sie können es versuchen, indem Sie alle elektronischen Geräte ausschalten, um auf diese Weise einen bestimmten Grad an Stille zu erreichen. Völlige Stille kann äußerst beruhigend sein und Ihnen helfen, Botschaften Ihrer Geistführer klarer zu hören. Am anderen Ende des Spektrums können Sie mit Klanglandschaften experimentieren! Die Magie des Internets ermöglicht uns den Zugang zu den verschiedensten Klang-Archiven, um unser Zuhause noch behaglicher zu machen.

Glöckchen an Ihre Haustür oder Glockenspiele draußen vor dem Fenster können sanfte, heimelige Erinnerungen an zu Hause wecken. Dann wird der Wind Teil Ihres Zuhauses und hilft Ihnen, sich mit der Erde verbunden zu fühlen, selbst wenn Sie in einer eher städtischen Umgebung wohnen.

Sehen

Die Beleuchtung ist extrem wichtig, um einen Raum behaglich und angenehm zu machen. Die gängige Meinung besagt, dass jeder Raum drei verschiedene Lichtquellen haben sollte. Daher ist das, was jetzt kommt, sehr wichtig; auch wenn Sie nichts von dem, was Sie in diesem Buch lesen, bei sich zu Hause umsetzen möchten, sollten Sie dennoch bitte Folgendes tun:

BESORGEN SIE SICH MEHR LAMPEN UND ...

SCHALTEN SIE DAS DECKENLICHT IM ZIMMMER EIN FÜR ALLEMAL AUS!!

Die Veränderung der Beleuchtung in ihrem Zuhause hat für die meisten meiner Kunden mehr bewirkt als alles, was ich sonst für sie getan habe. Deckenbeleuchtung ist kalt, unpersönlich und unvorteilhaft für Menschen, Tiere und Objekte. Indem Sie verschiedene Lampen an bestimmten Stellen platzieren, können Sie kontrollieren, wie viel oder wie wenig Licht dieser Bereich Ihres Raums bekommt und damit die Schwingung und die Stimmung völlig verändern. Sie können außerdem mit der Wattleistung von Glühbirnen experimentieren (was ich beinahe obsessiv tue und Ihnen empfehlen würde, es wenigstens einmal zu versuchen), oder Glühbirnen mit integrierten multiplen Helligkeitsgraden kaufen. Eine Tischlampe hier und eine Stehlampe dort wird das Aussehen und die Wirkung eines jeden Raums sofort verändern. Dies ist der »Goldene HausWitch-Rat Nummer 1«, den ich Ihnen ans Herz legen möchte.

Ohne Frage ist natürliches Licht das magischste Licht von allen. Nichts bringt Menschen so zum Innehalten wie der Anblick eines Raums mit perfekt natürlichem Licht. Es tut mir wahrlich in der Seele weh, wenn ich einen Raum betrete, wo die Vorhänge und Jalousien immer zugezogen sind. Untersuchungen in vielen unterschiedlichen Bereichen, von der Architektur bis zur Medizin, haben gezeigt, dass natürliches Licht und frische Luft Menschen hilft, sich besser zu fühlen und tatsächlich schneller von einer Krankheit oder Verletzung zu genesen. Sollte Privatsphäre ein Thema sein, würde ich vorschlagen, Vorhänge zu kaufen, die durchsichtig genug sind, damit ein gewisses Maß an natürlichem Licht durchscheinen kann.

Intuition

Intuition ist unser sechster Sinn, die bei der Ausübung von Magie und Weissagungen so essenziell ist wie jeder der anderen fünf. Sie ist entscheidend, um einen Lebensraum zu schaffen, der sich harmonisch und ausgeglichen anfühlt, was wiederum bedeutet, dass Sie sich wirklich – intuitiv – »zu Hause« fühlen.

HEILSTEINE FÜR DIE BEHAGLICHKEIT

Was Behaglichkeit angeht, bieten Heilsteine die perfekte Möglichkeit, unseren sechsten Sinn der Intuition mit der unterstützenden Energie der Erde zu verbinden. Die Heilsteine, auf die ich mich diesbezüglich verlasse und die eine warme, beruhigende, positive Schwingung in mein Haus bringen, sind Karneol, Zitrin und Baumachat.

Karneol

Eine weise junge Hexe sagte mir einmal, dass ich bei magischen Praktiken Karneol als Kerzenersatz nehmen kann, weil seine rötlich-orange Farbe so viel Feuer enthält. Was auch der Grund ist, warum ich diesen Stein gerne zum energetischen Erwärmen eines Raumes benutze. Mit seinen Wirbeln von Rot, Orange und Braun kann der Karneol Sie wie ein blitzender Funke aufwecken und Ihnen gleichzeitig das Gefühl geben, geerdet und behütet zu sein. Der Karneol wird Ihnen helfen, sich behaglich zu fühlen, ohne träge oder selbstzufrieden zu werden.

Zitrin

Mein Lieblingsstein für gute Schwingungen generell! Zitrin ist eine gelblich-orange Quarz-Varietät, die die Kreativität entfesselt und Ihre Fähigkeit verbessert, Fülle in Ihrem Leben willkommen zu heißen. Zitrin ist wie ein Sonnenstrahl oder ein kristallener Cheerleader und erinnert Sie daran, dass Sie alles haben, was Sie brauchen. Mischen Sie Zitrin-Elixier mit dem ätherischen Öl von Orangen, Nelken und Zimt, um ein Raumspray zu zaubern, das sich wie ein Sonnenstrahl anfühlen wird (siehe Seite 42 zur Herstellung von Heilstein-Elixieren und entsprechende Tipps).

Baumachat

Um all dieses Feuer und den Sonnenschein ins Gleichgewicht zu bringen, fügen Sie der Mischung ein wenig Baumachat hinzu. Die Schlüsselwörter bei diesem wirbeligen grünen Stein sind »erden« und

»stabilisieren«. Es ist, als würden Sie Ihre Schuhe wegkicken, um sich mit der Erde unter Ihren Füßen verwurzelt und dadurch gestärkt zu fühlen. Aus diesem Grund eignet sich der Baumachat ausgezeichnet für ein aus natürlichen Substanzen hergestelltes Putzmittel.

Karneol

Zitrin

Baumachat

»VON GRUND AUF BEHAGLICH«- FUSSBODENREINIGUNG

Zutaten

10 Tropfen ätherisches Tannenöl

10 Tropfen ätherisches Wacholderbeerenöl

5 Tropfen ätherisches Orangenöl

13 Tropfen Baumachat-Elixier

85 g Olivenölseife

30 ml Wodka (als Konservierungs- und Desinfektionsmittel)

1 Eimer warmes Wasser

Mischen Sie die Zutaten in einem Eimer mit warmem Wasser und reinigen Sie damit an einem Sonntag Ihren Fußboden, wenn der Mond in einem Erdzeichen steht (Jungfrau, Steinbock oder Stier). Der Sonntag wird von der Sonne regiert, Herrscherin über Kraft und Licht. Kombiniert mit der Stabilität und Erdung des Baumachats, werden diese Energien eine perfekte Balance zwischen Ruhe und friedlichem Behagen bilden. Zudem wird Ihr Raum nach einem Spaziergang in winterlichen Wäldern duften.

Der Duft von Orange kann die Stimmung auflockern und Ihre Laune verbessern, während die Wacholderbeere eine beruhigende Wirkung auf das Nervensystem hat und dazu beiträgt, Ängstlichkeit und Nervosität abzubauen; und die Tanne kann Ihnen helfen, sich zuversichtlicher zu fühlen.

HESTIA-KAMIN-WANDBEHANG

Material

1 Ast aus dem Wald

*Hanf- oder Lederschnur, um den Ast aufzu-
hängen*

mindestens 6 Meter Bio-Baumwollschnur

1 Stück ungeschliffener Karneol

*Auswahl an Holzperlen, Federn und/oder
rote und orangefarbene Heilsteine (optional)*

*ätherisches Öl-Spray, wie zum Beispiel unter
»Zauber für ein wohlig-warmes Zuhause«
auf Seite 151 beschrieben*

Hestia war die griechische Göttin von Heim und Herd (oder Vesta in der römischen Mythologie). Sie ist bekannt für die ewige Flamme, die in den ihr geweihten Tempeln brannte. Diese Göttin in Ihr Zuhause einzuladen wird Wärme und Wohlbefinden verbreiten. Damit sie hereinkommt, müssen wir das Herz Ihres Heims öffnen: den Herd oder Kamin.

Sie haben keinen offenen Kamin? Keine Sorge, wir können einen zaubern. Meine liebe Freundin Jessica Jones Lavoie von *Evolving Light Energy* wird uns zeigen, wie das geht. Jessica ist Heilpraktikerin, die in erster Linie mit Reiki und ätherischen Ölen arbeitet. Ihre Wandbehänge, die sie Wandzauber nennt, werden aus natürlichen Elementen wie Holz, Baumwolle, Heilsteinen und Federn hergestellt, und sie sind ein Schmuckstück für jeden Raum. Die Idee zu diesem Wandbehang fiel uns als Möglichkeit ein, um einen visuellen und energetischen Kamin in jeden Raum zu bringen, in dem es keine Feuerstelle gibt.

1. Visualisieren

Wenn Sie einen Wandbehang (oder »Wandzauber«) basteln wollen,
der sich wie das Herz Ihres Raumes anfühlt, besteht der erste
Schritt darin zu visualisieren, wie sich dieses Herz für Sie anfühlt.
Stellen Sie sich genau vor, wo in Ihrem Haus und Herd Hestia
sein möchte – schreiben Sie alle Wörter oder Bilder auf, die in
Ihnen hochkommen. Diese Gefühle, Szenen, Farben und so fort
werden Ihnen helfen, sich Ihrer persönlichen Intentionen bezüg-
lich des Kamins bewusst zu werden, wie er aussehen und wo in
Ihrem Zuhause er platziert werden soll.

2. Sammeln

Wir beginnen mit dem Sammeln! Mit Hilfe Ihrer Notizen aus
Schritt 1 und der Überlegung, welche Gegenstände Ihre Vision
unterstützen würden, machen Sie sich ans Sammeln – und seien
Sie nicht überrascht, wenn Sie den Heilstein, nach dem Sie suchen, geschenkt bekommen, oder über den perfekten Ast stolpern.
Wir wollen Wärme, Vitalität und Feuer ins Haus zaubern, daher
werden wir noch einen ungeschliffenen Karneol hinzunehmen
(siehe Seite 156).

3. Anfertigen

Wenn Sie Ihre Materialien zusammenhaben, beginnen Sie mit der
Herstellung Ihrer Holzbasis und basteln Sie mithilfe von etwas
Hanf- oder Lederschnur einen Aufhänger dafür. Schneiden Sie
die Baumwollschnur in acht Stücke von jeweils mindestens
60 Zentimetern.

4. Aufhängen

Und schon können Sie Ihren Wandzauber leuchten lassen, damit
er Ihr Zuhause energetisch wärmt. Wenn Sie noch nicht wissen
wo, versuchen Sie zu meditieren, um den perfekten Ort für Ihren
neuen Hestia-Wandbehang zu finden.

Befestigen Sie jedes Stück Schnur an der Holzbasis (oder was immer Sie benutzen), indem Sie die Schnur doppelt nehmen, die Schlinge um den Ast legen und den Rest des Materials durch die Schlinge ziehen. Ziehen Sie die beiden Seiten des Stranges fest an. Verfahren Sie mit den anderen Schnüren genauso, bis alle an der Basis Ihres Wandbehangs befestigt sind.

Jetzt können Sie entscheiden, was Sie hinzufügen möchten. Zum Beispiel können Sie einfach Ihren Karneol und andere Kristalle direkt an den Schnüren des Wandbehangs festbinden, genauso Perlen, Federn, die Sie draußen gefunden haben, und weitere Heilsteine. Je mehr Ihrer Energie und Kreativität Sie investieren, desto üppiger wird Ihr »Kamin« mit Ihren guten Schwingungen aufgeladen sein. Und wenn Ihnen der Sinn nach etwas besonders Raffiniertem steht, versuchen Sie, Makramee oder gewebte Elemente einzuarbeiten!

KAPITEL 4: BEHAGLICHKEIT

Unterschätzen Sie nie die Kraft der Behaglichkeit!
Ihre Fähigkeit, ein Gefühl von Behaglichkeit und Wohlbefinden
in Ihrem Zuhause zu verbreiten, wird sich darin widerspiegeln,
wie ausgeruht und voller Energie Sie sich fühlen, wenn Sie aus
dem Haus gehen. Und wie gerne Sie nach Hause zurückkommen.
Als Nächstes werden wir uns anschauen, wie Sie für Harmonie in
einem Zuhause sorgen können, das Sie mit anderen teilen.

crafted home

Explode
Every Day

An Inquiry
into the
Phenomena
of Wonder

EVERY
DAY
COUNTS

FANTASTISK

KAPITEL 5

HARMONIE

IHR ZUHAUSE SOLLTE IHR RÜCKZUGSORT SEIN, WO SIE SICH TOTAL FREI UND UNBEFANGEN FÜHLEN.

Sie brauchen einen Ort, wo Sie entspannen und sich ausbreiten können, Ihre eigene kleine Ecke in der großen Welt. Doch in Harmonie mit anderen zu leben, egal ob Freunde, Lebenspartner, Mitbewohner oder Haustiere, ist nicht immer einfach. Wenn der gleiche Raum die emotionalen Bedürfnisse von mehr als einer Person erfüllen soll, kann es zuweilen schwierig werden.

Wir wissen, wie wichtig es ist, zu teilen, Kompromisse zu machen und uns zusammenzutun; doch Grenzen zu setzen, um unsere Energie von der Energie anderer Personen auseinanderzuhalten, ist genauso wichtig. Diese Grenzen sind es, die es uns ermöglichen, in einer gesunden Beziehung mit anderen Menschen zu leben und eine tiefere, aufrichtigere Verbindung mit ihnen zu entwickeln. Die Fähigkeit, auf Ihre Energie zu achten, wird Sie den Menschen, die Ihnen am nächsten stehen, noch näherbringen.

Grenzen

Jeder Mensch hat ein feinstoffliches Feld, gemeinhin als Aura bekannt. Sie ist Ihr persönliches elektromagnetisches Feld und erstreckt sich circa einen Meter um das Äußere Ihres gesamten Körpers. Die Wellenlänge und Farbe Ihrer Aura verändert sich je nachdem, wo Sie gerade sind, wer bei Ihnen ist, in welchem emotionalen Zustand Sie sich befinden und aufgrund diverser anderer Faktoren. Ihre Aura kann Energien auffangen, die nicht unbedingt zu Ihnen gehören. Es ist Ihre Aufgabe, Ihre Aura von äußeren Einflüssen frei zu halten.

Einer der wichtigsten Aspekte eines durch Magie bestärkten Lebens besteht darin, zwischen Ihrer eigenen Energie und der Energie anderer Menschen zu unterscheiden.

AUCH POSITIVE ENERGIE KANN IHRER
EIGENEN ENERGIE SCHADEN,
WENN SIE NICHT ZU IHNEN GEHÖRT.

Die gute Nachricht ist, dass Sie immer die Kontrolle über Ihre Energie haben und niemand Ihnen ohne Ihr bewusstes (oder unbewusstes) Einverständnis seine Energie aufzwingen kann. Sie haben immer sowohl die Möglichkeit, Ihre eigene Energie von anderen zurückzuholen, als auch die nicht zu Ihnen gehörende Energie zurückzugeben. Wenn Sie mit anderen Menschen zusammenleben, empfiehlt es sich, diesen Energieaustausch von Zeit zu Zeit mithilfe von Visualisierungstechniken vorzunehmen.

EINFACHE VISUALISIERUNG FÜR DIE BEWUSSTE WAHRNEHMUNG VON ENERGIE

Diese Praktik regelmäßig vorzunehmen wird Ihre Beziehungen mit anderen Menschen verändern, und Sie werden feststellen, dass Sie mehr Kontrolle über Ihre Emotionen erlangen. Sobald Sie ein besseres Gefühl für Ihr persönliches Energiefeld gewinnen, werden Sie in der Lage sein, effektive Grenzen zu ziehen und Ihre Aura zu schützen.

1

Beginnen Sie mit den Übungen »Erdungsmeditation« und »Sich mit Ihrem Raum verbinden«, wie auf den Seiten 110–114 beschrieben. Diese Übungen sind von grundlegender Bedeutung für die bewusste Wahrnehmung Ihrer Energie und der Energie anderer Personen.

2

Als Nächstes visualisieren Sie Ihre Aura. Es macht nichts, wenn Sie zunächst Schwierigkeiten damit haben. Stellen Sie sich einfach ein strahlendes Licht vor, das Ihren Körper umgibt. Wenn es farbig ist, wunderbar! Doch ohne Farbe ist auch okay. Wichtig ist nur, in der Lage zu sein, vor Ihrem inneren Auge Ihr Energiefeld zu sehen.

3

Denken Sie an eine Person, mit der Sie kürzlich zu tun hatten. Das Treffen kann gute, negative oder auch gar keine Gefühle in Ihnen geweckt haben. Sie sollten versuchen, Ihre Emotionen so neutral wie möglich zu halten. Prüfen Sie, ob Sie irgendeine

Veränderung in der Visualisierung Ihrer Aura bemerken, wenn Sie an diesen Menschen denken. Vielleicht in Form einer anderen Farbe? Als dunkler Fleck? Oder wie ein helles Licht? Wirkt sich diese Veränderung auf die allgemeine Energie Ihrer Aura aus, oder nur auf einen Teil davon?

4

Versuchen Sie sich vorzustellen, wie die Energie dieses Menschen Ihre Aura verlässt und zu ihm zurückkehrt. Benutzen Sie dafür jedwede inneren Bilder, die diese Visualisierung unterstützen. Vielleicht hat diese Energie die Form von Rauch oder Wasser, oder sie sieht aus wie ein Lichtstrahl. Sie können so kreativ werden, wie Sie wollen, solange Sie spüren, dass die Energie dieser anderen Person Ihre Aura verlässt.

5

Jetzt kehren Sie das Ganze um. Stellen Sie sich vor, wie Ihre Energie von der anderen Person zu Ihnen zurückkommt. Senden Sie alle Energie, die Ihrem Gefühl nach nicht Ihren besten Intentionen dient, durch Ihre Erdungsschnur hinunter in das Zentrum der Erde.

6

Beenden Sie diese Übung, indem Sie ein goldenes Licht visualisieren, das Ihren Körper umhüllt und alle Lücken füllt, die die Energie der anderen Person vielleicht hinterlassen hat.

EIN BAD FÜR GESUNDE GRENZEN

Zutaten

Ein paar getrocknete Rosenblätter für beruhigende, schützende, das Herz heilende Energie

Eine Prise getrocknete Schafgarbe für gesunde Grenzen und Balance

Eine Messerspitze getrockneter Rosmarin, für Schutz und Zuversicht

Eine Prise Salz (Meeressalz, Bittersalz oder rosa Himalaya-Salz)

Ätherisches Rosen- oder Lavendelöl, bekannt für seine entspannende Wirkung

Ein kleines Säckchen aus feinem Musselin

Haben Sie das Gefühl, Ihren energetischen Grenzen würde eine Stärkung guttun? Gönnen Sie sich an einem Samstag (von Saturn regiert, dem Planeten von Struktur und Grenzen) dieses Bad, um Ihnen zu helfen, sich zu entspannen und Ihre Grenzen zu stärken.

Mischen Sie zu gleichen Teilen die Kräuter und das Salz in einer Schüssel. Geben Sie ein paar Tropfen ätherisches Öl hinzu. Geben Sie die Mischung in ein Musselin-Säckchen. Während das Badewasser einläuft, hängen Sie das Säckchen wie einen Teebeutel an den Wasserhahn, damit das heiße Wasser hindurch und in die Wanne laufen kann. Und jetzt: hineingleiten und genießen!

Einrichtungsstile kombinieren

Nachdem Sie jetzt Ihre energetischen Grenzen gesetzt haben, wollen wir uns mögliche Einrichtungsstile anschauen, die ein harmonisches Zusammenleben noch weiter verbessern können.

Es ist wichtig, dass auf alle, die unter einem Dach zusammenleben, geachtet wird, ihre Grenzen respektiert werden und sie ihren persönlichen Geschmack einbringen können. Egal wie unterschiedlich Ihre eigenen ästhetischen Vorlieben und die Ihrer Hausgenossen sind – ich verspreche Ihnen, es gibt immer eine Möglichkeit, sie miteinander zu verbinden.

Wenn ein Raum sich generell besser anfühlt und schöner aussieht, weil man kleine Veränderungen vorgenommen hat, können sich auch die eigensinnigsten Köpfe nicht dem Wohle des Ganzen verschließen – und ein Hauch guter Absicht ist das Wundervollste, was Sie jedem Raum hinzufügen können.

TIPPS FÜR EINE ERFOLGREICHE STIL-ALCHEMIE

Minimalistisch/Barock: Dem einem von Ihnen gefällt es, wenn der Raum karg möbliert ist, während ein anderer es üppig liebt. Warum nicht den Versuch unternehmen, jede Art von Nippes und Krimskrams auf ein Minimum zu beschränken, jedoch ausgefallene Stücke zuzulassen? Oder wie wäre es mit jeder Menge farbiger Kissen oder einem großen, gemusterten Teppich in einem ansonsten eher sparsam möblierten Raum? Halten Sie 80 Prozent des Raumes frei von Unordnung und Durcheinander, aber nutzen Sie die restlichen 20 Prozent für eine dramatische Bilderwand oder eine umfangreiche Sammlung, die geschmackvoll zur Schau gestellt wird. Der Dreh dabei ist, das Dekor neutral und den Raum allgemein übersichtlich zu halten, was dafür sorgt, dass das geringfügige kontrollierte Chaos gut zur Geltung kommt.

Sie können diese Idee auch umkehren, indem Sie zum Beispiel auffallende, bunte Tapeten oder eine Kombination unterschiedli-

cher Polstermuster 20 Prozent des visuellen Bereiches einnehmen lassen, jedoch den Rest des Raumes und seine Oberflächen leer, neutral und minimalistisch halten. Versuchen Sie stets, darauf zu achten, dass die Gewichtung gleichbleibt.

Ist es flach, rahmen Sie es ein: Vielleicht gibt es etwas an dem Ihr Herz hängt, das Sie einrahmen können, zum Beispiel eine Postkarte oder Fotos von einer Reise, die Sie zusammen unternommen haben, oder eine Plan von Ihrer Heimatstadt? Alle Erinnerungsstücke aus gemeinsamen Erlebnissen werden für Harmonie sorgen und dem Raum positive Energie verleihen.

Privaträume: Jeder, der mit anderen Menschen zusammenlebt, sollte seinen eigenen Rückzugsort haben – eine kleine Insel, die nur Ihnen gehört, wo Sie alles genauso einrichten und schmücken können, wie es Ihnen gefällt. Das kann ein ganzer separater Raum sein, der Teil eines Raumes oder auch nur ein Regal in einem Bücherschrank. Meine Partnerin und ich teilen ein offenes Loft, haben aber dennoch kleine festgelegte Bereiche, die jeweils für uns individuell reserviert sind. Mir steht für meinen Schreibtisch und Bücher ein kleiner Bereich in unserem Wohnzimmer zur Verfügung. Sie hat einen Arbeitsbereich neben unserer Küche, mit einem Tisch, wo sie sich ihre Kunst widmen kann, plus einen Wandschrank für ihre Malutensilien. Mein Bereich ist exakt so, wie ich es möchte, und bei ihr ist es genauso. Unserer persönlichen Aura jeweils Raum zu geben, wo sie sich ausdehnen kann, macht es leichter, unsere unterschiedlichen Geschmäcker in den anderen Bereichen unseres gemeinsamen Zuhauses aufeinander abzustimmen.

Bilder von glücklichen Paaren oder Gruppen: Eine Feng-Shui-Methode zur Förderung von Liebe und Romantik in Ihrem Schlafzimmer besteht darin, Bilder aufzuhängen, die ein Liebespaar darstellen (oder zwei Rehe, zwei Bäume und so weiter, Sie wissen, was ich meine). Warum setzen Sie diese Idee nicht im ganzen Haus um und stellen sie auch Ihren Mitbewohnern vor? Beachten Sie: Entscheidend dabei ist, dass die von Ihnen gewählten

Kunstwerke eine Intention für Ihr Zuhause setzen. Betrachten Sie es als einen »Kunst-Zauber«. Bilder zu wählen, auf denen Paare (Menschen, Tiere, Pflanzen) abgebildet sind, die in harmonischer Beziehung zueinander stehen, wird mit Sicherheit für ein glückliches Zuhause sorgen.

Entwerfen Sie ein Mengen-Diagramm: Ich weiß, diese Idee hört sich nicht besonders hexenmäßig oder glamourös an, doch kann es wirklich dabei helfen, einen gemeinsamen Nenner zu finden, wenn es ums Einrichten und Dekorieren geht.

Stellen Sie sich selbst die folgenden Fragen:

Welche drei Wörter (oder auch weniger, um die Aufgabe kleiner und die Herausforderung leichter zu machen) beschreiben, wie sich der Raum für Sie anfühlen soll?
Von welchen drei Farben wären Sie gerne umgeben?
Was mögen Sie am meisten an dem Raum, so wie er jetzt ist?
Welche Gewebearten oder Materialien mögen Sie?

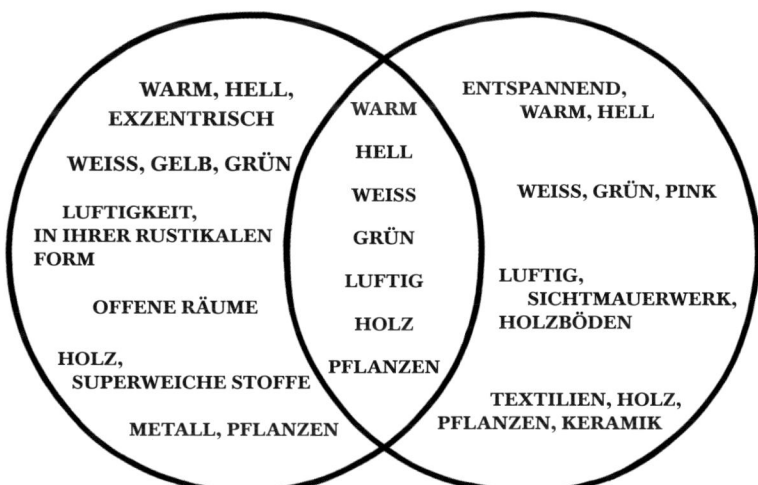

NIGHT
GARDEN

HEILSTEINE FÜR HARMONIE

Es gibt viele Heilsteine, die Sie mit Ihrem Herzen verbinden und Sie offener dafür machen, mit den Menschen, mit denen Sie Ihr Zuhause teilen, positive Energie auszutauschen. Grüne und rosafarbene Steine eignen sich besonders gut, den Kontakt zu Ihrem Herzen herzustellen; oder versuchen Sie es mit Blau, um die Kommunikationswege zu öffnen. Hier sind einige meiner Favoriten, die der Harmonie förderlich sind:

Lepidolith
Ein wunderbarer Stein, um Leichtigkeit und Heiterkeit zu entfalten. Er kann Ihr Herz mit Ihrer Intuition verbinden und Ihnen beim Umgang mit anderen helfen. Er stärkt Sie, wenn Sie Feindseligkeiten ausgesetzt sind, während er gleichzeitig unsere Fähigkeit fördert, aus schwierigen Situationen zu lernen.

Mondstein
Dank seiner wunderbaren neutralisierenden Energie fördert dieser Stein emotionale Intelligenz, indem er emotionale Ausbrüche beruhigt und die Empathie stärkt. Der Mondstein besitzt eine passive weibliche Energie, welche die aggressive Yang-Energie ausgleichen und für Ruhe sorgen kann. Platzieren Sie einen Mondstein in jede Ecke eines Raumes, um lange schwelende Spannungen zu verringern und emotionale Konflikte zu entschärfen.

Rosenquarz
Dieser wunderschöne Heilstein steht in einer tiefen Beziehung zum Herzen und ist mein bevorzugter Stein für Liebeszauber. Er verstärkt Selbstliebe, das Fundament für die Liebe zu anderen und zudem, dass diese Liebe erwidert wird. Der Rosenquarz heilt emotionale Wunden, erfüllt Ihre Aura mit guten Schwingungen und löst Ressentiments auf.

Lepidolith

Mondstein

Rosenquarz

KAPITEL 5: HARMONIE

Haustier-Flüstern

Wenn Sie Haustiere haben, dann wissen Sie, dass ihre Energie genauso viel (wenn nicht sogar mehr) des feinstofflichen und emotionalen Raums in Ihrem Zuhause einnimmt wie die Energie der Menschen, die dort leben.

In meinem Hexenzirkel ist Madeline Mooney die Ansprechpartnerin, wenn es ums Tiere-Flüstern geht. Madeline wuchs in den Wäldern von Vermont auf und hat eine starke Verbindung zu Naturgeistern. Außerdem hat sie einen einohrigen schwarzen Kater namens Jasper sowie ein verblüffendes Talent für die außersinnliche Kommunikation mit all unseren Haustieren. Sie zeigt uns nun eine kurze Meditation, die Ihnen helfen soll, sich mit Ihren tierischen Mitbewohnern zu verbinden:

ÜBERSINNLICHE KOMMUNIKATION MIT HAUSTIEREN

Mit Ihrem Haustier zu kommunizieren ist einfacher, als Sie vielleicht denken! Wir selbst sind Teil der Tierwelt und können uns mit ihr durch eine Sprache verbinden, die wir alle teilen – unsere Intuition. Jedes Lebewesen, klein oder groß, hat die Gabe, auf außersinnliche Weise zu kommunizieren. Was uns Menschen betrifft, so müssen wir einfach nur lernen, unserer Intuition zu vertrauen.

Eine Möglichkeit, wie sich Intuition äußern kann, ist das Hellsehen oder innere Sehen. Hellsehen wird beim Meditieren benutzt, wenn wir Bilder vor unserem inneren Auge betrachten. Hellhören bedeutet, innere Botschaften zu hören. Jede dieser Gaben geht auf das dritte Auge zurück, das Energiezentrum zwischen unseren Augenbrauen. Während der folgenden Meditation werden wir die hellsichtige und hellhörige Seite unseres Selbst benutzen, um die intuitiven Botschaften, die unsere Haustiere mit uns teilen möchten, sehen und hören zu können.

1

Finden Sie einen ruhigen Ort, wo Sie sich neben Ihr Haustier setzen können. Wenn es einen Ort gibt, an dem Sie normalerweise Zeit miteinander verbringen, gehen Sie dorthin. Lassen Sie sich nicht irritieren, falls Ihr Tier während der Meditation durch das Zimmer läuft (oder es sogar verlässt), da Sie weiterhin intuitiv kommunizieren können, unabhängig von der räumlichen Nähe. Wichtig ist auch, Ihr Tier nicht auf irgendeine ungewohnte Weise einzuengen. Lassen Sie es umherstreifen, wie es das normalerweise tun würde, damit Sie beide klar und voller Vertrauen kommunizieren können.

2

Wenn Sie es sich bequem gemacht haben, schließen Sie die Augen und konzentrieren Sie sich auf Ihren Atem. Spüren Sie die Verbindung Ihres Körpers mit der Erde und stellen Sie sich vor, von einem kristallklaren weißen Licht umgeben zu sein. Sehen Sie sich selbst, wie Sie beim Einatmen Licht in Ihren Körper ziehen und wie Sie davon umgeben sind, wenn Sie ausatmen.

3

Nun visualisieren Sie Ihr Haustier, wo immer es ist, umgeben von demselben klaren, weißen Licht. Sehen Sie seine Aura, wie sie sich mit Licht erfüllt und ausdehnt, so wie Sie es bei sich selbst gesehen haben.

4

Als Nächstes stellen Sie sich einen Strahl weißen Lichts vor, der sich in einer direkten Verbindung von Ihrem dritten Auge zum dritten Auge Ihres Tieres erstreckt.

5

Sobald diese Verbindung klar ist, können Sie beginnen, Ihrem Liebling etwas zu sagen oder mit ihm zu kommunizieren, je nachdem wie Sie sich angeleitet fühlen. Sie können mit ihm genauso reden, wie Sie es mit einem Menschen tun würden. Horchen Sie innerlich auf Antworten zu Ihren Fragen. Vielleicht fragen Sie: »Wie kann ich dich unterstützen?« oder »Was würdest du mir heute gerne sagen?« Vertrauen Sie Ihrer Fähigkeit, sowohl die Stimme Ihres Haustieres zu hören als ihm auch Liebe durch Ihre feinstoffliche Verbindung senden zu können.

Jedes Tier hat eine Botschaft, die es uns mitteilen möchte; alles, was wir tun müssen, ist hinhören! Je offener wir sind für die Kommunikation mit Tieren, desto leichter wird es. Genießen Sie diese Übung als ein Mittel, um Ihre freundschaftliche und familiäre Beziehung mit Ihrem Haustier zu vertiefen.

Tarot für Liebespaare, Freunde und Mitbewohner

Hier wende ich mich an meine eigene Mitbewohnerin, Lebenspartnerin und Tarot-Expertin Melissa Nierman, die ein Legesystem entwickelt hat, um Ihnen zu helfen, die Dynamik in Ihrem eigenen Haushalt besser zu verstehen:

Das Tarot ist ein Spiegel. Und ja, auch ein Kartendeck. Bei welchem Punkt die meisten Menschen falschliegen, ist der Glaube, dass man mit den Tarot-Karten die Zukunft vorhersagen kann. Tatsächlich ist das Tarot ein Instrument der Reflexion, das Ihnen nur das sagt, was Sie schon wissen. Warum sollte man also das Tarot zurate ziehen, wenn Sie ohnehin schon wissen, was es Ihnen sagen wird? Weil das, was wir wissen, für uns nicht immer bewusst abrufbar ist. Die Erfordernisse des täglichen Lebens können uns schnell davon ablenken, unsere innere Stimme zu hören und unsere Intuition bewusst wahrzunehmen. Das kann vor allem in Beziehungen der Fall sein, da wir so viele emotionale Wunden und antrainierte Verhaltensmuster mit uns herumschleppen. Beziehungen an sich sind der beste Spiegel überhaupt, wenn Sie in der Lage sind zu erkennen, was sich hinter den alltäglichen Handlungen und Reaktionen verbirgt.

Im Zusammenleben mit einem anderen Menschen – egal ob es ein Mitbewohner, ein Elternteil, Schwester oder Bruder, Ehemann oder Lebenspartner ist – werden jegliche Muster oder emotionale Themen, die Teil Ihrer Beziehung sind, durch diese intensiviert. Es gibt keine wirkliche Möglichkeit, irgendetwas davon zu verbergen; wenn Sie es dennoch versuchen, werden all diese aufgestauten Gefühle von Angst, Zorn, Traurigkeit oder Ärger zum Beispiel in einem passiv-aggressiven Hinweis darauf zum Ausdruck kommen, dass der andere nie das Geschirr abwäscht; oder vielleicht werden die verdrängten Gefühle in Form eines ausgewachsenen Streits ausbrechen, der anscheinend aus heiterem Himmel kommt und damit endet, dass Türen zugeschlagen und Gefühle verletzt werden.

Es ist nicht immer leicht, eine grundlegende Diskussion über komplexe Gefühle ins Rollen zu bringen, besonders wenn Sie nicht wirklich erklären können, warum Ihr Mitbewohner der nervigste Mensch auf der ganzen Welt ist, oder es Ihnen davor graut, nach Hause zu kommen. Das ist der Moment, wo das Tarot gute Arbeit leisten kann. Es bietet nicht nur die Möglichkeit, sich selbst, sondern die gesamte Situation besser zu verstehen und damit die Grundlage zu schaffen, auf der man tatsächlich offen und ehrlich über Probleme sprechen kann, ohne dass es einem peinlich ist oder man sich gehemmt fühlt. Tarot kann die objektive dritte Kraft sein, die nicht Partei ergreift.

Ihr Zuhause ist eine gemeinsam erschaffene Erfahrung, eine Umgebung, die die Verbindung Ihrer beider (oder mehr) Energien reflektiert. Manchmal ist diese Verbindung harmonisch, wie es die Karte »Die Liebenden« andeutet – eine gleichgewichtige Mischung verschiedener Teile. Und manchmal ist es ein bisschen weniger angenehm, wie von der Karte »Der Turm« symbolisiert, bei der es darum geht, Fundamente bröckeln zu lassen, wenn sie Ihnen nicht länger dienen. Welche Karten Sie auch immer ziehen (siehe Seite 202-205), für jede gibt es verschiedene Interpretationen. Nutzen Sie auch die Bildsprache Ihres Kartendecks als Quelle der Information, achten Sie auf sich wiederholende Themen bei den Karten, Farben und Zahlen, sowie auf jegliche Gefühle, die die Karten vielleicht bei Ihnen auslösen. Vergessen Sie nicht, dass Sie selbst Ihre Situation besser verstehen werden, als es der beste Tarot-Ratgeber je könnte – auch wenn ein guter Ratgeber sehr hilfreich sein kann.

7 OF WANDS

Crusader Candle Co.,Inc, Brooklyn 15, N.Y.

DAS LEGESYSTEM FÜR EIN HARMONISCHES HEIM

Es gibt viele Möglichkeiten, Tarot-Karten zu ziehen. Ein Lege-system behandelt spezifische Fragen, auf die Sie tiefer eingehen wollen, um sie genauer zu beleuchten und besser zu verstehen. Wie eine gute Landkarte kann eine gute Tarot-Auslegung Sie so kurz und schmerzlos wie möglich dahin führen, wo Sie hinwollen. Für das folgende Legemuster werden Sie nur die großen Arkana benutzen. Genau wie bei Ihren Beziehungen und Ihrem Zuhause handelt es sich hier um eine gemeinschaftliche Erfahrung.

1

Nehmen Sie die Karten der kleinen Arkana aus dem Deck, mit dem Sie arbeiten werden. Dann versammeln Sie Ihre Mitbewoh-ner in einem gemeinschaftlich benutzten Raum, zum Beispiel im Wohnzimmer oder in der Küche. Alle sollten ihre Augen schlie-ßen, drei tiefe Atemzüge nehmen und voll präsent sein.

2

Bitten Sie jeden, die Karten zu mischen, bevor er oder sie eine zieht. Es ist wichtig, dass die Energie jedes einzelnen Teilnehmers in das Deck einfließt.

3

Fächern Sie die Karten in einer geraden oder bogenförmigen Linie aus, wobei die Abbildungen nach unten zeigen.

4

Nun fragt die erste Person, entweder für sich oder für jeden hörbar: »Welche Energie bringe ich in unser Zuhause?«, und zieht eine Karte.

5

Die anderen Teilnehmer machen nun reihum dasselbe.

6

Zum Schluss sollte sich jeder auf die Frage konzentrieren: »Welche Art von Dynamik bringt die Kombination dieser Karten und Energien in unser Zuhause?« Danach wählen Sie gemeinsam eine Karte aus. Sie können hierzu eine Person bestimmen, die für die ganze Gruppe wählt, oder Sie nehmen körperlichen Kontakt mit allen anderen auf, während Sie die Wahl treffen. Ganz wie es Ihnen beliebt.

7

Das Wichtigste dabei ist, sich gegenseitig zu unterstützen, egal was hochkommt. Bleiben Sie offen, neugierig und bereit, die Botschaft der Karten als eine Quelle positiver Veränderung zu nutzen.

DREI-KARTEN-LEGUNG BEI BEZIEHUNGSFRAGEN

Dies ist eine einfache Variante der Auslegung »Harmonisches Zuhause«, die Sie für zwei Personen einsetzen können. Da Menschen kontinuierlich wachsen und sich verändern, können Sie dieses Legesystem periodisch anwenden, um sich der Energien bewusst zu werden, die in Ihrem Heim vorherrschen.

1
Welche Energie bringt Person A derzeit in Ihr Zuhause?

2
Welche Energie bringt Person B derzeit in Ihr Zuhause?

3
Welche Art von Dynamik bringt die Kombination dieser Energien derzeit in Ihr Zuhause?

GRUNDLEGENDE BEDEUTUNG DER GROSSEN ARKANA

Hier können Sie die wichtigsten Bedeutungen der großen Arkana-Karten nachlesen, um sich für das Legen der Karten vorzubereiten. Achten Sie genau auf alle Gedanken oder spontanen Gefühle, die hochkommen, wenn Sie mit diesen Karten arbeiten.

Zahl	Name	Wichtigste Bedeutung
0	Der Narr	Neuanfang, Unschuld, vertrauensvoll ins Ungewisse, naiv.
1	Der Magier	Manifestieren, Alchemist, setzt Dinge um, kreativ.
2	Die Hohepriesterin	Geerdet, innere Stimme, intuitiv, ruhige Weisheit.
3	Die Herrscherin	Das Göttlich-Weibliche, Fülle, liebevoll, großzügiges Geben.
4	Der Herrscher	Das Göttlich-Männliche, Struktur, Autorität, zieht Grenzen, raumgreifend.
5	Der Hierophant	Lehrer, Vorbild, Institutionen, Vermittler.

Zahl	Name	Wichtigste Bedeutung
6	**Die Liebenden**	Verschmelzung von zwei Teilen, Balance, Harmonie, Zusammenarbeit.
7	**Der Wagen**	Ambition, Expansion, Wille zum Erfolg, macht das meiste aus den gegebenen Möglichkeiten.
8	**Die Kraft**	Emotionale Kontrolle, Mut, belastbar, beruhigend.
9	**Der Eremit**	Innere Einkehr, die eigene Wahrheit finden, Einsamkeit, inneres Licht.
10	**Das Rad des Schicksals**	Bestimmung, Lebenszyklus, Schicksal, Glücksfall, Zufall, »Man weiß nie, was kommt«.
11	**Die Gerechtigkeit**	Ursache und Wirkung, Entscheidungen treffen und mit den Konsequenzen leben, Verantwortung, Fairness und Gleichheit.

Zahl	Name	Wichtigste Bedeutung
12	**Der Gehängte**	Loslassen, kapitulieren, festgefahren, Übergang, warten.
13	**Der Tod**	Tod des Egos, Verwandlungsprozess, ein Ende, das einen Neuanfang bringt.
14	**Die Mäßigkeit**	Gegensätze ins Gleichgewicht bringen, maßhalten, ruhiges Fließen, heilender Einfluss.
15	**Der Teufel**	Zwang, Unfreiheit, Sucht, selbstzerstörerische Tendenzen, Schädlichkeit, etwas loslassen müssen.
16	**Der Turm**	Plötzliche Veränderung, Unterbrechung, freisetzen, loslassen, was nicht länger dienlich ist.
17	**Der Stern**	Heilung, neue Hoffnung, Leichtigkeit und hohe Schwingungen, neu entdeckte Individualität.

Zahl	Name	Wichtigste Bedeutung
18	**Der Mond**	Illusorisch, trügerisch, mysteriös, verrückt, im Nichts oder Schattenbereich, genau hinhören.
19	**Die Sonne**	Selbstvertrauen, Lebenskraft, das Licht scheinen lassen, Selbstakzeptanz, Authentizität.
20	**Das Gericht**	Alte Muster loslassen, dankbar und erfüllt sein, Vergebung, Gefühl von Ganzheit.
21	**Die Welt**	Vollendung, Feiern, Beendigung eines alten und Beginn eines neuen Zyklus, sich dem Universum öffnen: JA!

Und nun, da die Grenzen von allen respektiert und die jeweiligen Vorlieben anerkannt worden sind, sollten sich all Ihre Mitbewohner zu Hause fühlen. Der letzte Teil des Puzzles ist die Balance, die alle anderen Absichten miteinander vereint – und für eine entspannte Heiterkeit in Ihrem Heim sorgt.

KAPITEL 6

BALANCE

Hier sind wir also, am Ende dieses Buches! Sie haben sich viel Mühe gegeben, Ihr Zuhause in einen heiligen Raum zu verwandeln, und jetzt ist es an der Zeit, uns dem letzten Teil des Puzzles zuzuwenden: der Balance. Für mich ist es wichtig, sowohl die energetische als auch die ästhetische Seite zu berücksichtigen, wenn es darum geht, in einem Zuhause für ein Gefühl von Balance zu sorgen. Hier ein kleines Beispiel:

Vor ein paar Jahren hatte ich große Schwierigkeiten, ein Zimmer in meiner Wohnung einzurichten. Es handelte sich um ein Apartment mit zwei Schlafzimmern, was bedeutete, dass eines der Zimmer von meiner Partnerin und mir als Büro benutzt wurde und bei Bedarf als Gästezimmer diente. Doch egal wie viele Verschönerungsversuche und Kniffe ich auch anwandte, hatten wir beide nie wirklich das Bedürfnis, Zeit in diesem Zimmer zu verbringen. Der Rest der Wohnung war ein schöner, lichterfüllter Bereich mit vielen Fenstern, während dieser Raum dunkler war und man aus dem Fenster auf eine Ziegelsteinwand und die enge Gasse hinaussah, wo unsere Mülltonnen standen. Als allerletzten Versuch beschloss ich, die Möbel allesamt weiß und gelb anzustreichen, in dem Bemühen, den Raum heller zu machen. Doch genau wie bei allen früheren Versuchen sah der Raum nach wie vor finster aus und wirkte auch entsprechend.

Ungefähr eine Woche später sprach ich über Skype mit Christopher, meinem hellseherisch begabten Freund. Ich fragte ihn, ob er sich intuitiv in den besagten Raum versetzen und die Energie dort wahrnehmen könne. Er war einverstanden.

Das Erste, was er sagte, war: »Das Zimmer ist von Natur aus dunkel, stimmt's?«

»Ja.«

»Hör' auf zu versuchen, es hell machen zu wollen.«

»Okay.«

»Ist der Raum vollgestopft mit Papier und Gerümpel?«

»Stimmt.«

»Er möchte nicht mit Papier und Gerümpel vollgestopft sein.«

»Okay.«

»Der Raum möchte kein produktiver Bereich sein. Er möchte ein kreativer Bereich sein. Ein meditativer Ort. Und er möchte dunkel sein. Mit Kerzen. Warte, steht in dem Raum vielleicht ein gelber Bücherschrank?«

»Ja.«

»Aha, der muss auf jeden Fall weg.«

Und einfach so flogen mir ganz mühelos Ideen zu, wie ich den Raum dekorieren und optimal herrichten konnte. Der Raum möchte dunkel sein? Cool, eine schwarze Tafelwand ist genau das richtige. Kreativ? Wunderbar, ich werde einen Basteltisch bauen, der eine ganze Wand einnimmt! Meditativ? Kerzen? Aber sicher doch!

Letztendlich war das Einzige, was meine helle, sonnige Wohnung brauchte, ein wenig Mondenergie. Etwas Dunkel, um das Helle auszugleichen. Ein wenig Yin, um das Yang zu ergänzen. Als jemand, der sich automatisch zu hellen, luftigen Räumen hingezogen fühlt, hatte ich nie über das Bedürfnis nach etwas Dunklem nachgedacht. Ich muss wohl kaum erwähnen, dass jener Raum bald zu einem unserer bevorzugten Bereiche in der ganzen Wohnung wurde. Und was unsere Gäste betraf, sie liebten es, sich in einem solch kreativ geladenen Umfeld aufzuhalten.

Damals lernte ich, dass man einem Raum alle Zeichen der Ästhetik aufdrücken kann und er sich immer noch energetisch unausgeglichen anfühlt. Diese beiden Kräfte, Ästhetik und Energetik, müssen zusammenarbeiten. Es geht darum, die materielle Welt und die astrale Ebene miteinander zu verbinden.

Überlegen Sie, was das für Sie persönlich bedeutet. Nehmen Sie sich die Zeit, um sich darüber klar zu werden, welche Intentionen Sie setzen möchten, damit Sie sich in Ihrem Heim entspannt und ausgeglichen fühlen – und wie Sie dies erreichen können. Vielleicht schließen Sie einen Moment Ihre Augen und versuchen darauf zu hören, was der Raum Sie wissen lassen möchte. Oder gibt es bestimmte Aktivitäten, die Sie zu Hause verrichten und die dazu führen, dass der Raum sich belastet anstatt heiter und gelassen anfühlt? Bringen Sie Arbeit mit nach Hause? Hilft Ihnen das dabei, einen heiligen, erholsamen Bereich zu schaffen? Besteht eventuell die Möglichkeit, einen Bereich Ihres Hauses oder Ihrer Wohnung abzutrennen, um eine bessere Balance herzustellen? Eine wichtige Veränderung war für mich der Moment, als ich damit aufhörte, auf dem Sofa sitzend meine E-Mails zu checken. Diese einfache Veränderung half mir, meine Couch als eine wohlige Insel der Entspannung wahrzunehmen anstatt als eine Erweiterung meines Arbeitsbereiches. Insgesamt richtet sich die Energie in Ihrem Zuhause nach Ihnen. Wenn Ihre Energie harmonisch und ausgeglichen ist, wird Ihr Zuhause genau das widerspiegeln.

SUPERLEICHTE ATEMÜBUNG FÜR SOFORTIGE RUHE UND GELASSENHEIT

Machen Sie diese Übung, wenn Sie am Ende eines arbeitsreichen Tages nach Hause kommen. Sie wird nicht nur einen Teil der hektischen Energie aus Ihrer Aura beseitigen (siehe Seite 173), sondern zudem Ihr Nervensystem beruhigen. Dies ist eine erholsame, stärkende Yoga-Technik, die nicht nur die innere Balance wiederherstellt, sondern dazu beitragen kann, akute Angst und Panikattacken zu mildern.

1

Setzen Sie sich möglichst genau in die Mitte des Raumes.

2

Programmieren Sie vorab einen Alarm auf zwei Minuten.

3

Nehmen Sie ein paar tiefe Atemzüge, um sich zu zentrieren.

4

Machen Sie die Erdungsmeditation (siehe Seite 110).

5

Starten Sie nun die zwei Minuten.

6

Jetzt verändern Sie Ihre Atmung so, dass Sie doppelt so lange ausatmen, wie Sie einatmen.

7

Fahren Sie damit so lange fort, bis der Alarm losgeht.

8

Achten Sie auf den Raum um Sie herum. Die Energie, sogar die Luft an sich, sollte sich ruhiger und harmonischer anfühlen.

Einrichtungsideen für mehr Balance

Bei meinen Handwerks-Hexereien lasse ich mich gerne von den vier Elementen leiten, um harmonische Zauber zu konzipieren. Dies erreiche ich, indem ich Dinge benutze, die jeweils eines der Elemente repräsentieren. In der Regel nehme ich zum Beispiel eine Kerze, um das Element Feuer zu symbolisieren; Räucherwerk für Luft; einen Heilstein für Erde; und Wasser, nun ja, für Wasser. (Doch kann auch eine leere Tasse, Schüssel oder Muschel Wasser repräsentieren, so wie im Tarot die Kelche für das Element Wasser stehen.) Ich lade Sie ein, diese Dekorationsideen nach Belieben weiterzuentwickeln.

Denken Sie an beliebige dekorative Objekte und welche Elemente sie Ihrer Meinung nach repräsentieren. Sie können Aspekte wie Farbe, Beschaffenheit und Material als Möglichkeit benutzen, um Ihre Objekte in Kategorien einzuteilen. Ich zum Beispiel assoziiere leuchtende Farben immer mit Feuer; gedämpfte Blau- und Schwarztöne mit Wasser; neutrale Farben wie Braun und Grau mit Erde; Pastellfarben und Weiß mit Luft. Glatte Materialien wie Glas erinnern mich an Wasser, während ich Lampen und natürliches Licht mit Luft assoziiere; Textilien wiederum setze ich mit Erde gleich und auffallende Kunstobjekte mit Feuer.

Nachdem Sie Ihre Deko-Elemente auf diese Weise kategorisiert haben, machen Sie eine Inventur. Ist ein bestimmtes Element verstärkt vorhanden? In welcher Beziehung stehen Sie zu diesem Element? Vielleicht sind Sie vom Sternzeichen her Löwe und fühlen sich vor allem zu feurigem Dekor hingezogen? Wenn dies der Fall ist, sollten Sie versuchen, zum Ausgleich ein paar kühlere Farbtöne oder weiche, glatte Textilien zu verwenden.

SYMMETRIE

Eine andere Möglichkeit, Balance in Ihre Einrichtung zu bringen, besteht darin auf Symmetrie zu achten. Das heißt nicht, dass alles absolut symmetrisch sein muss, doch Symmetrie kann in mancherlei Hinsicht sehr sinnvoll sein. Ein Beispiel dafür sind Nachttische. Wenn Sie und Ihr Partner zusammenleben und vermutlich das Bett teilen, dann sollten Ihre Nachttische symmetrisch platziert sein. Sie müssen nicht perfekt übereinstimmen, sollten jedoch idealerweise eine ähnliche Größe und Form haben. Anderenfalls wird sich der Raum unausgeglichen anfühlen, was sich auch negativ auf die Dynamik in Ihrer Beziehung auswirken könnte.

LEUCHTENDE UND NEUTRALE FARBEN

Ein weitverbreitetes Problem, das mir bei meinen Kunden immer wieder begegnet, hat mit der Unausgewogenheit von leuchtenden und neutralen Farben zu tun. Die meisten Menschen fühlen sich zu Farben hingezogen und wollen sich mit den Farben umgeben, die ihnen besonders gefallen. Diesen Farben einen neutralen Hintergrund zu geben kann dazu beitragen, dass sie noch stärker hervorstechen. In den meisten dieser Fälle sind die dekorativen Elemente, die ich meinen Kunden schließlich empfehle, allesamt in neutralen Farbtönen gehalten.

Wenn Sie das Dekor in Ihrem Zuhause so arrangiert haben, dass es ein Gefühl der Balance und Harmonie ausstrahlt, ist es an der Zeit, sich auf den energetischen Aspekt zu fokussieren. Hier sind ein paar Möglichkeiten, wie Sie in Ihrer Wohnung eine Atmosphäre der Ruhe und Entspannung schaffen können.

Verschiedene Arten von Meditation

Um ehrlich zu sein, habe ich selbst kein besonders großes Talent zum Meditieren. Ich mag geführte Meditationen, weil sie meinem Gehirn die Gelegenheit bieten, einer Stimme zu folgen; und ebenso mag ich übersinnliche Meditationen, wie sie in diesem Buch beschrieben sind, weil sie viel mit Visualisierung zu tun haben. Ich brauche etwas, auf das sich mein bewusster Geist fokussieren kann, um in einen Zustand der Ruhe zu gelangen.

Wenn es darum geht, sich zu Hause entspannt und ausgeglichen zu fühlen, ist die Übergangsphase zwischen Wachsein und tiefer Meditation, auch »Alpha-Zustand« genannt, optimal. Es ist das Gefühl, das Sie nach einem besonders guten körperlichen Training, Sex, einem Spaziergang in der freien Natur oder irgendwelchen anderen Aktivitäten haben, die Ihren Geist in einen entspannten Zustand versetzen. Es gibt jede Menge Möglichkeiten, diesen Zustand zu erreichen, und sobald Sie sich mehr darüber bewusst werden, was Sie persönlich in diesen Zustand bringt, können Sie sich umso leichter dafür entscheiden, dies zu einer regelmäßigen Praxis zu machen. Meine Freundin Ana zum Beispiel sieht sich selbst als schamanische Hexe. Außerdem ist sie eine begnadete Textil-Künstlerin. Bei ihrer schamanischen Arbeit benutzt sie langsame, gleichmäßige Trommelschläge, um anderen zu helfen, den Alpha-Zustand zu erreichen – in den sie selbst am besten dann gelangt, wenn sie strickt.

Vor einigen Jahren bin ich in eine Wohnung gezogen, wo ich dank der großen Küche erstmals die Gelegenheit hatte, richtige Mahlzeiten zuzubereiten. Ich fing an, mir selbst das Kochen beizubringen, und war angenehm überrascht, wie entspannend ich diese Tätigkeit empfand. All das Kleinschneiden, Vorbereiten und Befolgen eines Rezepts versetzt mich in einen meditativen Zustand.

Meditation muss nicht bedeuten, dass Sie sich mit geschlossenen Augen still irgendwo hinsetzen. Eine wie auch immer geartete

traditionelle Meditationspraxis auszuüben, ist ohne Frage hilfreich, doch vielleicht gibt es noch andere Dinge, die Sie entspannend finden und die Sie regelmäßig praktizieren möchten. Vielleicht ist das in Ihrem Fall Yoga? Vielleicht ist es auch Tanzen oder mediales Schreiben, Zeichnen oder Malen? Die Absicht, sich zu Hause auf eine Ihnen angenehme Weise zu entspannen, wird viel dazu beitragen, Ruhe und Balance in Ihr Heim zu bringen.

Pflanzen!

Als jemand, der keinen »grünen Daumen« besitzt, darf ich Ihnen versichern, dass – obwohl es schwer ist, Zimmerpflanzen am Leben zu halten – es sehr beglückend sein kann, ein wenig frische, grüne Lebenskraft in Ihrem Haus zu haben.

ZIMMERPFLANZEN KÖNNEN ALLE VIER ELEMENTE IN IHR HEIM BRINGEN UND EIGNEN SICH DAHER WUNDERBAR, UM DIE BALANCE UND HARMONIE ZU STÄRKEN.

Die Pflanze an sich reinigt die Luft; die Pflanzenerde ist und steht natürlich für Erde; das Licht, das sie benötigt, entspricht dem Element Feuer; und natürlich brauchen alle Pflanzen Wasser!

Pflege von Zimmerpflanzen und sich selbst

Cheryl Rafuse, die Schutzherrin der Pflanzen bei *HausWitch*, erzählt Ihnen jetzt ein bisschen mehr über die Magie der Zimmerpflanzen:

Gehen Sie raus in einen Wald oder Garten, lassen Sie Ihren Geist zur Ruhe kommen und stimmen Sie sich auf Ihre Umgebung ein. Von den raschelnden Blättern bis zum Geräusch hoher Gräser, die sich im Wind wiegen, können Sie die Pflanzen um sich herum hören; das Knarren einer Kiefer, das Abbrechen eines morschen Zweiges. Wie fühlen Sie sich? Ruhig? Entspannt? Im Frieden mit sich und der Welt?

Diese Geräusche, die Aura der freien Natur und das Gefühl des Friedens sind nur schwer in ein Haus zu übertragen, es sei denn, Sie haben das Glück, in einem Baumhaus zu wohnen. Indem Sie ein wenig Natur nach drinnen bringen, können Sie die Energie eines Raumes verändern. Wenn Sie es sich recht überlegen, hat jede Pflanze Vorfahren, die draußen lebten und gediehen. Wenn Sie Pflanzen ein Zuhause geben, bringen Sie deren DNA in Ihr Zuhause und zollen damit der Erde um Sie herum Respekt.

Pflanzen helfen, im Haus ein kleines Ökosystem zu schaffen. Sie haben Bedürfnisse, die Sie dazu veranlassen, für ein besseres Umfeld für alle Lebewesen zu sorgen, auch für Menschen. Zudem verbreiten Pflanzen ihre eigenen heilsamen Schwingungen. Sie produzieren Sauerstoff und helfen, die Energie in Ihrem häuslichen Umfeld in Bewegung zu halten, damit sie nicht stagniert. Darüber hinaus entspannen Pflanzen im Zimmer die Augen und den Geist, was das Gefühl der Geborgenheit in Ihrem Zuhause verstärkt.

PFLANZEN UND DIE AURA

Pflanzen können die Schwingung eines jeden Raums erhöhen, solange es der richtige Ort für sie ist. Wenn Sie beschließen, Ihr

Heim mit Pflanzen zu bereichern, müssen Sie sicher sein, ihnen die richtigen Lichtverhältnisse und das passende Umfeld bieten zu können.

Gibt es bei Ihnen irgendwo einen sonnigen Fleck? Kräuter, Kakteen oder Luftpflanzen könnten Sie gut ans Fenster stellen.

Wenn Sie weniger Licht haben, ist eine immergrüne Pflanze oder eine Friedenslilie (Spathiphyllum) genau das Richtige. Pflanzen können dafür sorgen, dass Sie einen Raum mit anderen Augen sehen. Gibt es einen dunklen Raum, in dem keine Pflanze gedeihen würde? Sind Sie dort glücklich? Fühlen Sie sich dort wohl? Wenn kein Sonnenlicht hineinfällt, braucht der Raum dann vielleicht ein UV-Licht? Manchmal, wenn Sie keine Pflanze finden, die sich in einem bestimmten Bereich wohlfühlt, sollten Sie überlegen, was Sie sonst noch tun können, um diesen Raum zu beleben.

PFLANZENMAGIE

Die Wahl der richtigen Pflanze kann auch bedeuten, Pflanzen mit magischen Eigenschaften ins Haus oder in den Garten zu holen. Zum Beispiel pflanzen viele Menschen die Glückskastanie für Glück und Fülle an, während Salbei reinigend wirkt, Rosmarin gut für Wachstum und das Erinnerungsvermögen ist, Lavendel die Nerven beruhigt, und so weiter. Darüber hinaus können Sie auch Pflanzen auswählen, die etwas Bestimmtes symbolisieren. Zum Beispiel wollte ich die Energie von Elch und Hirsch würdigen, die für Vitalität steht. Die Vorstellung, mich von einem ausgestopften Elch- oder Hirschkopf anstarren zu lassen, gefiel mir jedoch nicht. Stattdessen entschied ich mich für einen riesigen Hirschgeweihfarn, um diese vitale Energie auf eine Weise zu vergegenwärtigen, die Wachstum fördert anstatt Tod zu repräsentieren.

Hier finden Sie zu Ihrer Inspiration noch einige weitere Pflanzen und ihre Symbolik. Doch vertrauen Sie auf Ihre Intuition, und die richtige Pflanze wird Sie finden.

Efeu: eigene Grenzen überwinden.

Tropische Pflanzen (wie der Gummibaum): Wärme.

Kakteen: Grenzen setzen.

Friedenslilie: Gelassenheit.

Köstliches Fensterblatt: schafft Raum.

Schwertfarn: Wachstum.

Aloe vera: Ruhe.

ZENTRIERENDE MEDITATION

Welche Pflanze Sie sich auch aussuchen, Sie müssen wissen, was sie benötigt. Benutzen Sie die Gießanweisungen für Ihre Pflanze, um Ordnung in Ihren eigenen Tagesablauf zu bringen und Ihr Gefühl zu verstärken, geerdet zu sein.

1

Gießen Sie Ihre Pflanzen immer zur selben Zeit am selben Tag (oder an denselben Tagen) der Woche. Am besten morgens, damit die Pflanze ausreichend Zeit hat für die Photosynthese und das Wasser in den folgenden Stunden aufnehmen kann. Nehmen Sie dieses Ritual zum Anlass, eine Intention für den Tag zu setzen. Vielleicht möchten Sie sich auf Fülle oder Wachstum fokussieren – Pflanzen sind wunderbare Kanäle für beides. Oder wenn es sich um einen Tag handelt, an dem Sie die Pflanze beschneiden wollen, können Sie an Dinge denken, die Sie vielleicht aus Ihrem Leben entfernen wollen.

2

Ich kombiniere meine Tee-Meditation gerne mit der täglichen Pflege meiner Pflanzen. Ich bereite mir eine Tasse Tee und denke an meine Intentionen für den Tag, oder zentriere mich einfach und richte meinen Fokus auf die losen Kräuter in der Teetasse. Wenn ich den Tee getrunken habe, nehme ich die Kräutermischung und lege sie auf den Humusboden meiner Pflanzen. Das tue ich ein- oder zweimal jährlich, bei Frühlingsanfang und später noch mal im Sommer. Die Blätter des Kräutertees versorgen meine Pflanzen mit ein wenig extra Nährstoffen und geben mir das Gefühl, als hätte ich meine neueste Intention im wahrsten Sinne des Wortes »gepflanzt«.

Zyklen

Vergessen Sie nicht, es ist unbedingt nötig, dass Sie erbarmungslos mit Ihren Pflanzen sind, tote Blätter abschneiden oder sie wenn erforderlich ganz entsorgen! Sie sollten wissen, dass selbst diejenigen unter uns mit supergrünen Daumen Pflanzenfreunde hatten, die wir in den Ruhestand versetzen mussten.

Eine Möglichkeit zu wissen, wann Sie pflanzen, düngen oder beschneiden sollten, besteht darin, auf die Zyklen des Mondes zu achten. Wenn der Mond zunimmt, setzen Sie Ihre Intention, lassen Ihre Pflanzen in Ruhe wachsen, setzen neue Samen und züchten Kakteen. Wenn der Mond im Abnehmen begriffen ist, überlegen Sie sich, was Sie loslassen wollen, entrümpeln Ihre Wohnung und beschneiden Ihre Pflanzen (sofern sie es brauchen!).

Wenn Pflanzen zu groß werden für ihre Töpfe, können Sie vorsichtig Ableger trennen und an Freunde weitergeben. Als meine Feldmalve einen größeren Topf brauchte, habe ich einige der losen Wurzeln umgetopft und zusammen mit einer formulierten Absicht einem Freund geschenkt, um Wachstum und Erfolg für sein neues Geschäft zu fördern.

Fangen Sie an, sich Gedanken darüber zu machen, von welcher Art Energie Sie in Ihrem Zuhause umgeben sein wollen. Haben Sie eine Katze und möchten Sie Weizengras für Ihren kleinen Liebling anpflanzen? Sollte ausreichend Sonnenlicht vorhanden sein, könnten Sie es mit Luftpflanzen versuchen, die für Bewegung stehen. Überlegen Sie, welche Pflanze Ihnen helfen könnte, die richtige Magie in Ihr Zuhause zu bringen.

HEILSTEINE FÜR BALANCE UND RUHE

Es gibt viele Heilsteine, die helfen können, Ihre Energie zu harmonisieren und Ihren Geist zu beruhigen. Bei den von mir ausgewählten Heilsteinen, die ich an dieser Stelle besonders hervorheben möchte, kann die beruhigende Wirkung problemlos auf Ihr persönliches Umfeld ausgedehnt werden. Versuchen Sie, die Heilsteine während des Meditierens in der Hand zu halten. Oder sie in einem eher betriebsamen Bereich in Ihrer Wohnung zu platzieren, um die hyperaktive Energie in Stille zu verwandeln.

Aragonit
Perfekt, um in Zeiten von Stress Ihre Aura wiederherzustellen und neu zu zentrieren. Dieser Heilstein trägt die Energie der Sterne in sich, die alles heilt. Durch das Reinigen vergangener emotionaler Wunden öffnet der Aragonit Ihre Aura für einen tiefgehenden Heilungsprozess und die Erforschung Ihrer Lebensaufgabe.

Dolomit
Bringt Ruhe in Ihr Zuhause, indem er Emotionen besänftigt und extreme Stimmungsschwankungen ausgleicht. Außerdem kann er das Gleichgewicht zwischen Geben und Empfangen von Energie fördern, und Ihnen helfen, Veränderungen vorzunehmen falls dies notwendig ist.

Tigerauge
Zapft die Urkraft Ihres Unterleibs an, indem er Sie erdet und Ihnen hilft, zu Ihrer eigenen Kraft zu stehen. Dieser Stein bringt die Yin- und Yang-Energie des emotionalen Körpers ins Gleichgewicht und macht es leicht, beide Seiten einer Auseinandersetzung zu verstehen und in den Extremen einen gemeinsamen Nenner zu finden.

Aragonit   *Dolomit*

Tigerauge

KAPITEL 6: BALANCE

Nun ist es an der Zeit, sich zurückzulehnen, tief einzuatmen –
und sich zu entspannen! Sie haben hart gearbeitet, um Ihr Heim
in einen geweihten Ort zu verwandeln, und können es nun in
vollen Zügen genießen.

ZUM ABSCHLUSS

Ich hoffe aufrichtig, dass Ihnen »Mein magisches Heim« einen nützlichen Rahmen gegeben hat, der Ihnen erlaubt, Ihr Umfeld zu heilen und durch die bewusste Intention, zusammen mit Magie und Hexerei, das Beste daraus zu machen. Es war mir eine Freude und Ehre, Ihnen in diesem Buch Ideen und praktische Tipps dafür anzubieten.

Die Absicht, ein Haus so zu verwandeln, damit es sich wie ein Heim anfühlt, ist ein ungemein lohnendes Bestreben – und ich wünsche Ihnen diesbezüglich das Allerbeste. Ein authentisches Verhältnis zu Ihrem Zuhause zu entwickeln ist ein wesentlicher Aspekt der Selbstfürsorge. Ihr manifestiertes, gereinigtes, beschütztes, gemütliches, harmonisches und ausgewogenes Zuhause wird Ihnen einen unvergleichlichen Rückzugsort bieten, in dem Sie sich mit Ihrem besten und höchsten Selbst verbinden können. Doch darüber hinaus hoffe ich, dass Sie in der Lage sind, diese Energie aus Ihrem persönlichen Bereich in Ihr soziales Umfeld weiterzutragen, wo sie einen positiven Einfluss auf die Welt um Sie herum ausüben kann. Letzten Endes ist dies der Grund, warum ich das, was ich tue, so gerne tue!

Literaturempfehlungen

Paul Beyerl, *The Master Book of Herbalism*, Phoenix Publishing, 1998

Clare Cooper Marcus, *House as a Mirror of Self: Exploring the Deeper Meaning of Home*, Hays, 2007

Bo Forbes, *Yoga for Emotional Balance*, Shambala, 2011

Anna Franklin, *The Hearth Witches Compendium: Magical and Natural Living for Every Day*, Llewellyn, 2017

John Friedlander / Gloria Hemsher, *Basic Psychic Development: A User's Guide to Auras, Chakras and Clairvoyance*, Weiser, 2012

Malcom Gaskill, *Witchcraft: A Very Short Introduction*, OUP, 2010

Sarah Gottesdiener, *Many Moons Workbooks*, 2016–2018

Karen Hamaker-Zondag, *Tarot als Lebensweise*, Königsfurt, 2000

Rachel Howe, *Small Spells Black & White Tarot Deck Set*, smallspells. com

Marie Kondo, *Magic Cleaning*, Rowohlt, 2013

Tisha Morris, *Mind, Body, Home: Transform Your Life One Room at a Time*, Llewellyn, 2014

Kristen Petrovich, *Elemental Energy: Crystal and Gemstone Rituals for a Beautiful Life*, HarperElixir, 2016

Robert Simmons, *The Pocket Book of Stones: Who They Are and What They Teach*, North Atlantic Books, 2015

Jan Spiller / Karen McCoy, *Spiritual Astrology: A Path to Divine Awakening*, Touchstone, 2010

Esther M. Sternberg, M.D, *Healing Spaces: The Science of Place and Well-being*, Harvard University Press, 2010

Andrew Theitic (Hg.), *The Witches' Almanac*, Witches' Almanac Publications

Robin Wall Kimmerer, *Braiding Sweetgrass: Indigenous Wisdom, Scientific Knowledge and the Teachings of the Plants*, Milkweed Editions, 2015

Tess Whitehurst, *Magical Housekeeping: Simple Charms and Practical Tips for Creating a Harmonious Home*, Llewellyn, 2010

Hilfreiche Geister

Cheryl Rafuse

Cheryl Rafuse, die Frau mit dem grünen Daumen – sie hat ihr Leben lang mit Pflanzen gesprochen, die besten Bedingungen für ihr Gedeihen recherchiert und ihre Sprache erlernt. Als zertifizierte Kräuterkundlerin und Naturliebhaberin, wohnhaft in Salem, Massachusetts, agiert sie in ihrer Freizeit als Vermittlerin zwischen ihren Pflanzen und ihrer silberschwarzen Katze. Darüber hinaus ist Cheryl Managerin und Pflanzenexpertin bei *HausWitch* und betreibt *Howl Content*, eine Agentur für Marketing und Werbung. Folgen Sie ihr auf Instagram unter @witcheryl und arbeiten Sie mit ihr auf www.howlcontent.com.

Lauren Hall

Lauren Hall wohnt in einem 313 Jahre alten Spukhaus in der Nähe von Salem. Wenn sie sich nicht gerade mit ihren hauseigenen Geisterfreunden beschäftigt (oder, um ehrlich zu sein, Tapeten abzieht), hilft sie häufig anderen Menschen bei der Kommunikation mit Geistern. Sie können sie auf www.spiritsandsawdust.com besuchen.

Shaina Cohen

Shaina Cohen ist Geologin, die 2017 ihren Master of Science am Boston College gemacht hat. Während dieser Zeit studierte sie die Deformation von Olivin-Kristallen aus dem Erdmantel. Zu ihren größten Leidenschaften gehört es, Heilsteine aufzuspüren, über die Wunder der Geowissenschaft zu lehren und junge Menschen zu ermutigen, sich in den Bereichen von MINT (Mathematik, Informatik, Naturwissenschaften und Technik) zu engagieren. Sie können Shaina auf Instagram unter @shainagram finden.

Grace Harrington Murdoch

Grace Harrington Murdoch, Schöpferin der *Flower & Stars*-Mischungen aus ätherischen Ölen und Blumenessenzen, ist Fachfrau für Blumenessenzen, Astrologie und Autorin des Buches »Child Awake«. Sie hat mehr als zehn Jahre Heilverfahren und Astrologie studiert. Seit 2009 führt sie eine gutgehende Praxis, in der sie Reiki, Polarity Therapy, Astrologie sowie die Anwendung von Heilsteinen lehrt und anbietet. Mit Venus in ihrer Himmelsmitte (Karrierepunkt) liebt sie es, die Beziehung zwischen Kunst, Liebe, Schönheit, Geschichtenerzählen und Astrologie zu erforschen. Es war ihr ein besonderes Vergnügen, zu dem Kapitel über den Mond und das vierte Haus beizutragen! Sie können Grace für eine Sitzung unter vier Augen oder aus der Entfernung unter www.flowersandstars.org und unter @flowersandstars_ auf Instagramm erreichen.

Madeline Mooney

Madeline Mooney ist Reiki-Meisterin, Kräuterkundlerin und ist mit einer starken und tiefgehenden Verbindung zur Welt der Natur gesegnet. Sie benutzt intuitives Channeling, um die Kommunikation mit Tieren zu verbessern. Sie können Madeline auf ihrer Webseite www.moonchild.reikiandherbals.com erreichen oder ihr auf Instagram unter @moonchild.reikiandherbals folgen.

Jessica Jones Lavoie

Jessica Jones Lavoie ist energetische Heilerin, Schöpferin von Wandzaubern, Mutter und Mitbegründerin von *LightHaus Magical Cleaning Products*. Sie hat einen Abschluss in Umweltgeologie der Salem State University und ist seit 2013 praktizierende Usui-Reiki-Lehrerin. Sie liebt es, ihre ureigene Mischung aus Wissenschaft und Spiritualität zu lehren und damit andere zu ermutigen, sich selbst, das Land und das Wasser zu heilen. Im *HausWitch*-Heilungsraum oder unter @evolving.light können Sie ihr Lied für den Ozean hören, an ihren Mond-Meditationen teilnehmen und einen Termin für eine private Heilungssitzung anfragen.

Melissa Nierman
Melissa Nierman ist die Gründerin von *NOW Age Travel*, eine moderne metaphysische Reiseagentur in Salem, Massachusetts. Sie ist erfahrene Tarot-Lehrerin, Reiki-Praktizierende und furchtlose Fremdenführerin mit einem Master in Pädagogik. Zusammen mit anderen Praktizierenden veranstaltet sie einmal im Monat einen offenen Tarot-Salon im *HausWitch*-Laden, führt interaktive Tarot-Spazier-Seminare und gibt »Tarot für Liebende!-Kurse. Darüber hinaus ist sie Autorin von »Tarot for Lovers: A Handbook for Exploring All Kinds of Magical Relationships«. Sie finden Melissa auf www.nowagetravel.com und @now.age.

Michaela Zullo
Ursprünglich aus Youngstown, Ohio, fühlte sich Michaela Zullo in den frühen Zweitausenderjahren stark nach Salem hingezogen. Sie studierte an der Salem State University und schloss mit einem Bachelor of Science in Geologie ab. Indem sie ihr Wissen über die Erde mit ihrer Leidenschaft für intuitive Heilungspraktiken verbindet, hat sie ein tiefes Verständnis für viele natürliche Systeme erlangt.

Danksagung

Zuallererst möchte ich allen danken, die *HausWitch* im Laufe der Jahre unterstützt haben. Ihnen allen, die meinen Blog gelesen, meinen Laden besucht oder mir auf Social Media gefolgt sind, bin ich so unglaublich dankbar, dass mir schier die Worte fehlen. Sie alle sind die wahre Magie in meinem Leben.

Mein Dank geht an Laura Higginson und das Team von Random House/Ebury für ihr Interesse, ihre Vision und Geduld. An meine Liebe und Komplizin, Melissa Nierman: Danke, dass du mit mir zusammen bist, mich herausforderst und kosmische Freude und Licht in mein Leben bringst.

Aus tiefstem Herzen Dank auch an meinen Hexenzirkel von Kollaborateurinnen: Grace Harrington Murdoch, Lauren Hall, Jessica Jones Lavoie, Madeline Mooney, Cheryl Rafuse, Maggie Smith, Michaela Zullo, Shaina Cohen, Erika Leahey, Winnie Man, Ariel Cefalo, Kaitlyn Soligan, Sailaja Ganti Joshi, SriVani Yerramilli und Lakshmi Ramgopal. Euch allen Dank für die unzähligen Erkenntnisse, Tipps und Anregungen, mit denen Ihr dieses Buch bereichert habt.

Ich danke all den wunderbar kreativen Menschen, deren Kunst die Seiten dieses Buches füllt: Rachel Howe, Christina Kosinski, Leela Hoehn Robinson, Julia Canright, Marisa Curran, Daniel Zender und Claire Nereim. Ich werde eure Talente ewig und voller Eifersucht bewundern.

Vielen Dank Lauren und Michael Berkowitz, Morgan Elliot und Jordan Awan sowie Grace und Peter Harrington Murdoch, dass Ihr mir erlaubt habt, euer Zuhause zu fotografieren und »Mein magisches Heim« zum Leben zu erwecken.

Danke auch an Lindsay Kelly, die dafür gesorgt hat, dass dieses Buch noch schöner aussieht als in meinen Träumen.

Für meine Mutter Sharon Feldmann, ich danke dir, dass du mir Kuchenbacken und handwerkliches Können beigebracht hast und wie man aus PVC-Schläuchen und Pappmaché zwei Meter hohe Palmen zaubern kann.

Zu guter Letzt ein besonderer Dank an Dawn Livorsi, dass sie mich unter ihre Fittiche genommen hat; Dave Wells dafür, dass er immer die schweren Sachen getragen hat; und Christopher Rhodes, weil er immer alles wusste.

ÜBER DIE AUTORIN

Erica Feldmann, die Inhaberin und Gründerin von *HausWitch*, hat von Kindesbeinen an ihre Intuition benutzt, um Räume zu heilen. Geboren in Chicago, zog Erica 2010 nach Salem, Massachusetts, um Hexen und das Göttlich-Weibliche im Rahmen des *Gender and Cultural Studies Graduate Program* am Simmons College zu studieren. Das dort erlangte Wissen, kombiniert mit ihrem angeborenen Talent, Innenräume einzurichten, fand seinen optimalen Ausdruck in der Gründung von *HausWitch*, einem Unternehmen, dessen Anliegen es ist, Menschen zu helfen, ihre Räumlichkeiten zu heilen und ihr Zuhause zu lieben. Die Aufgabe, mit kleinstem Budget das Zuhause ihrer Kunden einzurichten, öffnete ihr die Augen für die Herausforderungen, mit denen Menschen sich in ihren Wohnungen und Lebensräumen konfrontiert sehen. 2015 eröffnet, ist der *HausWitch*-Shop eine Manifestation ihres Traumes, demzufolge alle Menschen ein wenig Magie in ihrem Zuhause genießen sollten. Heute wohnt Erica direkt im Stadtzentrum von Salem, in einem zauberhaften Hexenhaus, zusammen mit ihrer Partnerin und zwei Katzen.

Register

Achat 35

Allzweckreiniger 101

Aloe Vera 227

Alpha-Zustand 220

Alpträume, Schutz vor 121

Amethyst 40, 120–121

Angst 14, 121, 194, 214

Apophyllit 96–97

Aragonit 232–233

Archetypen 49–50, 146

Arkana, große 49, 198, 202–205

Arkana, kleine 49, 198

Astrale Ebene 10, 211

Atemübung

   Superleichte Atemübung für sofortige Ruhe
und Gelassenheit 214–215

ätherische Öle 50

– für Behaglichkeit 147, 156, 159, 161

– zum Grenzen setzen 177

– zum Reinigen 93, 101

– Riechen 147, 151

– für Schutz 123, 127–128

Atome 25, 38

Aura 191

– in Balance 214, 232

– und Grenzen ziehen 173

– reinigen 96, 117

– Farben 173

– und Pflanzen 224–225

– visualisieren 174–175

Balance 31–34, 209–234

Bad 177

Barock 180

Baumachat 156–157

– Elixier 159

Bedürfnisse, emotionale 170

Behaglichkeit 10, 13–14, 133–167

Beifuß 127

Beleuchtung 153

Bergamotte 101

Bewusstsein, höheres 121

Beziehungen 194–195, 200, 217

Binäre Gegensätze 32

Budget 15

Cohen, Shaina 38

Copal-Räucherstäbchen 147

Dekorieren

– für Balance 216–217

– Stile kombinieren 180–187

Dolomit 232–233

Drei-Karten-Legung bei Beziehungsfragen 200

drittes Auge 62, 113, 190–191

dunkle Räume 210–211

Efeu 227

Eintopf

– Wurzelgemüse-Eintopf zur Herbst-Tag-und-
Nacht-Gleiche 139

elektromagnetische Wellen 120

emotionales Trauma 96

energetische Reinigung 60, 86–97, 117, 119–120, 124

Energie 14, 24–26, 211

– und Glas 144

– ins Gleichgewicht bringen 31–34, 211–212

– von Haustieren 188

– loslassen 31

– anderer Menschen 173–177, 199–200

– Mond 211

– negative 31, 109, 114, 117, 119–121

– und Objekte aufladen 44

– positive 13

– schale, festgefahrene 53

– Schutz vor 109, 114, 117, 119–121

– Wahrnehmung 173–175

– und Zimmerpflanzen 224

Entrümpeln 79–85

Erde 32–34, 110–111, 152, 222

Erden 109, 228, 232

– und Heilsteine 157

Erdmagie 13, 17

Erdungsmeditation 110–112, 115, 123, 174–175, 215

Erdungsschnur 110–111, 113, 175

Farben 216–217

Farne 225, 227

Feng Shui 18, 182

Feuer 32–34, 222

Fische 74

Fluorit 96–97

Friedenslilie 225, 227

Fühlen 144

Fußbodenreinigung, »Von Grund auf behaglich« 159

fünftes Element 34

Geburtshoroskope 66–74

Geist (Äther) 34

Geister 91, 106, 114–115, 124

Gelassenheit 214–215, 226

Glas 144

Glocken 152

Göttlich-Weibliche 24, 202

Göttlich-Männliche 202

Grenzen setzen 170, 173–177, 227

große Göttin 17

Hall, Lauren 124

Harmonie 53, 169–206

HausCraft 18

Häuser (in der Astrologie) 46

Haussuche 57–60

Haustiere 188–191

HausWitch 10, 17–18, 153, 224

HausWitch Home + Healing 19

Heilen

– mit Heilsteinen 34–35

– und natürliches Licht 153–154

– mit Pflanzen 224

– Raum 17

Heiliger Rauch 89–91

Heilsteine 18

– Arbeiten mit 34–42

– für Balance 232–233

– für Behaglichkeit 156–157, 161–162, 164

– für energetische Reinigung 96–97

– geschliffen/ungeschliffen 35

– für Harmonie 186–187

– für Manifestieren 57, 62–63

– reinigen 42, 120

– für Schutz 120–121

Heilstein-Elixiere 40–42, 123, 151, 156, 159

Hellhören 190

Hellsichtigkeit 190, 210–211

Hestia-Kamin-Wandbehang 161–164

Hexen, grundlegendes 24

Hildegard von Bingen 35

Hören 152

indigene Kulturen 27, 88, 117

Inka 117

Intention/Absicht setzen 31, 34, 50, 180, 239

– und Balance 206, 212, 222

– Fokussieren 57

– und Heilsteine reinigen 42

– und Manifestieren 57–59, 64

– und Meditation 228

– und Riechen 146

– und Schlüssel aufladen 60

– zum Schutz 127

Intuition (sechster Sinn)

– und Behaglichkeit 135, 154, 156

– und Haustiere 190

– und Pflanzen 225, 228, 231

– und Tarot 194

Johanniskraut 128

Jung, Carl Gustav 146

Jungfrau 72

Jung'sche Psychologie 18

Jupiter 69

Kakteen 225, 227, 231

Kamin 144, 161–162

Karneol 156–157, 161, 164

Kassienöl 151

Katzen 231

Keramik 144

Kerzen 57, 64, 84, 134, 144, 146–147, 211

Klang

– zur energetischen Reinigung 94

– Heilung durch 152

Kochen 136, 139, 220

Kohle, Holzkohle 89, 119

Kollektives Bewusstsein 146

Kondo, Marie 80

Kontraindikationen 50

Köstliches Fensterblatt 227

Kräutersäckchen zum Schutz
   124–128

Kräuter verbrennen für energetische Reinigung
   89–91

Krebs 72

Kristallographie 38

Kristallspitze 35

Kuchen, Vollmond-Schokolade-Zucchinikuchen
   141–143

Kunst 182

Kyanit 96–97

Labradorit (Aurora Stein) 62–63

Lampen 153

Lavendel 91, 93, 123, 127, 177, 225

Legesystem für ein harmonisches Heim
  198–199

Lepidolith 186–187

Loslassen 31, 84–85

Löwe 72, 216

Luft 32–34, 222

– frische 102

Luftpflanzen 225, 231

Magie 17–19, 26, 108, 112, 124, 154, 173, 239

– manifestieren 53, 55–74

»Manifestations-Pyritual« 64

Manifestationszauber 30–31, 53, 55–74

Männliche 32, 202

Mantras 89, 114–115

Mars 69

Materialien, natürliche 144

Meditation

– und Balance 220–222

– zentrierende Meditation 228

– Erdungsmeditation 110–113, 115, 123, 174, 215

– geführte Meditation 220

– Übersinnliche Kommunikation mit Haustieren 190–191

– und Klang 152

Medizin 50

Mengen-Diagramm 183

Merkur 68

Minimalistisch 180

Mond 44, 68

– abnehmender 31, 84, 231

– Dunkelmond 31

– Energie 211

– fünf Phasen 30–31

– Neumond 30

– Vollmond 30–31, 123, 141–143

– zunehmender 30, 231

Mondstein 186–187

Mondzeichen 71–74

Moodboard 58–60, 64

Mooney, Madeline 188

Murdoch, Grace Harrington 68

Musik 94, 152

Nag Champa (Räucherwerk) 146

Nelkenöl 156

Neptun 71, 106

neugotischer Stil 106

neutrale Farben 216

Nierman, Melissa 194

Nordwind 106, 108

Nostalgie 135, 146

Objekte aufladen 44

Obsidian 120–121

– Elixier 123

Orangenöl 151, 156, 159

Palo Santo 117

Pflanzen 222–231

Pflanzenheilkunde 50

Pflanzenmagie 50, 53, 124, 224-225, 231

piezoelektrisches Mineral 39

Pluto 71

positive Energie 13, 89, 111, 113, 117, 173, 182, 186

Privatsphäre 71, 154

Privaträume 182

Pyrit (Narrengold) 40, 62–63

– »Manifestations-Pyritual« 64

Quarz 38–39

Rafuse, Cheryl 224

Rauch 42, 60, 89, 91

Räuchern 88

Räucherwerk 42, 60, 64, 89, 91, 146-147, 152, 216

Rauchquarz 62–63

Raum

– beanspruchen 114–115

– heilen 17

Raumspray 40, 96, 151, 156, 161

Reinigen 60, 77–102, 117, 119–120, 124

– natürlich 98–102

Reinigungsspray 93

Riechen 146–151

Rituale 34, 88, 228

Rosenöl 177

Rosenquarz 186–187

Rosmarin 124, 177, 225

Rückzugsort 13, 130, 170, 182, 239

Salbei 17, 42, 60, 88-91, 117, 127, 146, 225

– Reinigungsspray 93

Salem, Massachusetts 19

Salz

– zum Baden 177

– schwarzes 119

– zur energetischen Reinigung 42, 60

– schützende Kraft von 119

Saturn 69, 177

– »Saturn-Rückkehr« (Astrologie) 46

Sauerstoff 38, 224

Schafgarbe 177

Schamanismus 27, 220

»Schlechte Schwingungen fliegen raus und bleiben draußen«-Zauberelixier 123

Schlüssel 60

Schmecken 136–143

Schutz 53, 105-130

Schütze 73

Schutzengel 123

Schutzfeld 108–109

Schwarzer Turmalin 120–121

– Elixier 123

Schwertfarn 227

Schwingungen (Frequenzen) 25–26

– und heilende Klänge 94, 152

– und Heilsteine 38–39, 42, 120–121, 156, 186

– und Pflanzen 50, 224–225

– negative 109, 120, 123

– positive 156

– »Schlechte Schwingungen fliegen raus und bleiben draußen«-Zauberelixier 123

Sehen 153–154

Selbst, höheres 13, 62

Selbstbewusstsein 60

Selbstfürsorge 10, 13, 239

Selbstliebe 69, 186

Selenit-Elixier 123

Sets, magische 58

»Sich mit Ihrem Raum verbinden« 112–114

Siliziumdioxid (SiO_2) 38

Sinne 136–154

Skorpion 73

Sonne 68

Spiegel 144

Spirits and Sawdust 124

Steinbock 73

Sternzeichen 34, 66, 71, 216

Stier 72

Superleichte Atemübung für sofortige Ruhe
   und Gelassenheit 214–215

Süßgras 91

Symbole, Pflanzen als 225, 227

Symmetrie 217

Tannenöl 159

Tarot 13, 34, 49, 194–205

– Drei-Karten-Legung bei Beziehungsfragen
   200

– Eremit 203

– Gehängte 204

– Gerechtigkeit 203

– Gericht 205

– große Arkana 49, 198, 202–205

– Herrscherin 202

– Herrscher 202

– Hierophant 202

– Hohepriesterin 202

– kleine Arkana 49, 198

– Kraft 203

– Legesystem für ein harmonisches Heim
   198–199

– Liebenden 195, 203

– Narr 49, 202

– Magier 202

– Mäßigkeit 204

– Mond 205

– Rad des Schicksals 203

– Sonne 205

– als Spiegel 194

– Stern 204

– Teufel 49, 204

– Tod 204

– Turm 195, 204

– Wagen 203

– Welt 205

Tigerauge 232–233

Trommelsteine 35

übernatürliche Angriffe abwehren 120

Universum

– Vertrauen in das 57

Unterbewusstsein anzapfen 58

Uranus 69

Venus 69, 72

vier Elemente 32–34, 49, 216, 222

viertes Haus 66–71

Visualisieren 31, 42, 64, 110, 113, 119, 123, 162,
   173–175, 191, 220

Vollmond-Schokolade-Zucchinikuchen 141–143

»Von Grund auf behaglich«-Fußbodenreinigung
   159

Waage 73

Wacholderbeerenöl 159

Wandbehang, Hestia-Kamin- 161–164

Wärme 144, 146, 156, 161–162, 227

Wasser 32–34, 72, 216

Wassermann 74

Weibliche 24, 32, 186, 202

weissagende Praktiken 34

Weihrauch 124

Widder 71

Wicca 17

W.I.T.C.H. (Woman in Total Control of Herself) 24

Wurzelgemüse-Eintopf zur Herbst-Tag-und-Nacht-Gleiche 139

Yang-Energie 32, 72, 186, 211, 232

Yin-Energie 32, 211, 232

Yoga 214–215, 222

Zauber 17–18, 26, 50, 59

– harmonische 216

– zum Manifestieren 30–31, 53, 57–58, 64

– »Manifestations-Pyritual« 64

– und die Mondphasen 30–31

– und Riechen 146

– *Zeug* verschwinden lassen: Zauber im Beisein von Zeugen 84–85

Zauberelixiere

– »Schlechte Schwingungen fliegen raus und bleiben draußen«- 123

– für ein wohlig-warmes Zuhause 151

Zauber für ein wohlig-warmes Zuhause 151

Zaubernuss 93, 123, 151

Zeder 91, 127

Zedernöl 123, 151

zentrierende Meditation 228

Zimmerpflanzen 72, 222–231

– Pflege von Zimmerpflanzen und sich selbst 224–225

Zimt 146, 156

Zitrin 156–157

– Elixier 151, 156

Zucchini-Schokoladenkuchen 141–143

Zullo, Michaela 38

Zwilling 72

Zyklen 231

Verlagsgruppe Random House FSC® N001967

Text © Erica Feldmann, 2018
Fotografien © Erica Feldmann, 2018
Mit Ausnahme der folgenden Fotografien: Seiten 8-9, 28-29, 158 und
221 © Winnie Man 2018; und Seite 247 © Dave Wells 2018.
Illustrationen © Erika Leahey, 2018

1. Auflage
© 2019 der deutschsprachigen Ausgabe by Irisiana Verlag,
einem Unternehmen der Verlagsgruppe Random House GmbH, Neumarkter Straße 28,
81673 München
Umschlaggestaltung: Geviert, Grafik & Typografie
unter Verwendung eines Motivs von Erica Feldmann
Druck und Bindung: Alcione Litotipografia S.r.l., Lavis

Printed in Italy
ISBN: 978-3-424-15367-5

EIN ZAUBER IST NICHTS ANDERES
ALS EIN GEBET MIT REQUISITEN